珠水春潮

珠三角地区改革开放40周年历史图文集

中共广东省委党史研究室 编

南方日报出版社
NANFANG DAILY PRESS
中国·广州

图书在版编目（CIP）数据

珠水春潮 ： 珠三角地区改革开放 40 周年历史图文集 /中共广东省委党史研究室编. -- 广州 ： 南方日报出版社,2019.12

ISBN 978-7-5491-2152-6

Ⅰ. ①珠… Ⅱ. ①中… Ⅲ. ①珠江三角洲－改革开放－成就－图集 Ⅳ. ①D619.65-64

中国版本图书馆 CIP 数据核字(2019)第 282494 号

ZHUSHUI CHUNCHAO

珠水春潮——珠三角地区改革开放 40 周年历史图文集

编　　者：中共广东省委党史研究室
出版发行：南方日报出版社
地　　址：广州市广州大道中 289 号
出 版 人：周山丹
出版统筹：阮清钰
责任编辑：蔡　芹
责任技编：王　兰
责任校对：裴晓倩
装帧设计：肖晓文
经　　销：全国新华书店
印　　刷：广州市岭美文化科技有限公司
开　　本：889㎜×1194㎜　1/16
印　　张：21
字　　数：237 千字
版　　次：2019 年 12 月第 1 版
印　　次：2019 年 12 月第 1 次印刷
定　　价：150.00 元

投稿热线：（020）87360640　　读者热线：（020）87363865

站在改革开放40年的重要节点上看，广东这40年非常了不起，创造了许多全国第一。在坚持和发展中国特色社会主义事业中创造了广东经验。

面向新征程，广东要走在全国前列。最根本是要继续弘扬敢闯敢试、敢为人先的改革精神，推动思想再解放、改革再深入、工作再落实。

广东一直在领跑、一直是奋进者，要进一步做改革开放的领跑者，做中国特色社会主义现代化国家建设的贡献者，在新时代创造出让世界刮目相看的新的更大奇迹。

要把粤港澳大湾区建设作为广东改革开放的大机遇、大文章，抓紧抓实办好。要在更高水平上扩大开放，高标准建设广东自由贸易试验区，打造高水平对外开放门户枢纽。

——习近平

■ 广州珠江新城

牢记嘱托：满怀豪情再出发

1978年12月党的十一届三中全会召开以后，以邓小平为主要代表的中国共产党人，深刻总结我国社会主义革命和建设正反两方面经验，借鉴世界社会主义历史经验，开启中国改革开放的伟大征程，逐步确立社会主义初级阶段基本路线，成功开创中国特色社会主义。

回首往昔，心潮澎湃。

改革开放前，广东是一个经济相对落后的农业省。1978年4月，带着党中央的重托，习仲勋南下主政广东。习仲勋通过调查研究敏锐地发现广东“思想很不解放，条条框框太多”，洞察出调整政策和改革体制的必要性和迫切性。习仲勋旗帜鲜明地支持真理标准问题讨论，为广东改革开放“先走一步”统一了思想认识；按照中央要求坚定不移推进拨乱反正，大力平反冤假错案，为广东“先走一步”奠定了坚实的社会基础。

为贯彻党的十一届三中全会精神，1979年春，习仲勋、杨尚昆等广东省委领导带领80多个工作组奔赴全省70多个市县深入调研。

1979年4月，广东省委向中央提出让广东在改革开放中“先走一步”的请求，得到党中央的大力支持。随着中共中央、国务院发出中发〔1979〕50号文件，广东被正式批准实行“特殊政策和灵活措施”，得以扩大地方管理权限，试办深圳、珠海、汕头出口特区（即以后的经济特区），率先迈出改革开放开创性的一步。

改革开放之初，广东改变“以粮为纲”“以农唯一”的经济格局和产业结构，大力推进农村经济体制改革。海康县（现雷州市）、紫金县、中山县等地农民在全省率先实行包干到户、包产到户，农村生产面貌发生巨大变化。

清远县解放思想，敢于实践，率先在全国实行“超计划利润提成奖”，探索出工业管理体制改革的“清远经验”。“三来一补”的贸易形式也首先在珠江三角洲如火如荼地发展。

面对阻力和质疑，广东的经济特区在艰难曲折中建立和发展，以“拓荒牛”的精神和“深圳速度”引领时代潮流，迅速成为国内外关注的改革开放窗口。1984年1月，邓小平第一次视察经济特区，充分肯定经济特区发展，并作出了进一步扩大改革开放的重大决策。

20世纪80年代中期以后，随着党的十二届三中全会和十三大的胜利召开，广东乘势而上，全面深化经济体制改革，大力发展商品经济，扩大对外开放，经济社会各项事业实现跨越式发展。

伴随着中国经济体制改革的重点开始由农村转入城市，广东在城乡经济体制各个方面进行了一系列引领全国风气的改革，成为突破传统计划经济体制坚冰的“开路先锋”。与此同时，广东外向型经济高速发展，以珠江三角洲为主、东西沿海为辅的全方位对外开放格局初具雏形。

改革开放后，珠江三角洲地区凭借着毗邻港澳的优势，经济发展突飞猛进，在短短十余年间就实现了生产总值翻两番的目标，创造了举世闻名的“珠江三角洲经济奇迹”。珠江三角洲地区的崛起，为广东一跃成为我国第一经济大省、第一外贸大省，成为世界制造业中心奠定了坚实的基础。

然而，改革开放的航程绝非一帆风顺。20世纪80年代末90年代初，国际局势复杂多变，中国改革开放的巨轮面临暗流涌动的严峻考验。1992年春，邓小平先后视察深圳、珠海、顺德、广州等地，系统总结改革开放实践经验，深刻回答了“什么是社会主义、怎样建设社会主义”等一系列重大理论和实践问题。

邓小平勉励广东力争用20年时间赶上“亚洲四小龙”，不仅经济要上去，社会秩序、社会风气也要搞好，两个文明建设都要超过他们，这才是有中国特色的社会主义。党的十四大召开后，广东掀起学习宣传贯彻南方谈话和党的十四大精神的热潮，全面推进深化经济体制改革，率先初步建立起社会主义市场经济体制的基本框架。

到20世纪90年代中后期，中国改革开放由局部试验向总体推进。随着广东原有政策优势、体制优势的逐渐弱化，广东所面对的形势，也由改革开放初期的“一马当先”变成了世纪之交的“万马奔腾”。

2000年2月，江泽民视察广东时提出“三个代表”重要思想，阐述了“建设什么样的党、怎样建设党”的重大时代课题，并对广东提出“增创新优势，更上一层楼”的要求。围绕党中央的新期望，广东省委决定通过实施外向带动、科教兴粤、可持续发展三大战略来增创体制、产业、开放、科技四大优势。

21世纪初，经过20多年的改革开放，中国经济社会发展进入一个关键时期，发展中所形成的深层次结构性矛盾日益显现，“实现什么样的发展、怎样发展”成为亟待解决的重大课题。

2003年春，在抗击“非典”的危急时期，胡锦涛视察广东，首次提出科学发展的思想，要求广东加快发展、率先发展、协调发展，努力在全面建设小康社会、加快推进社会主义现代化进程中更好地发挥排头兵作用。围绕发展中面临的一系列突出矛盾和问题，广东继续深入推进改革开放，加快转变经济发展方式，推动区域协调发展，率先探索破解经济社会发展中遇到的突出矛盾和问题，用自己的创造性探索，履行好中央赋予的当好实践科学发展观排头兵的历史使命。

在国际国内局势发生重大而复杂变化的背景下，珠江三角洲加快探索外向型经济和内源型经济双轮驱动的发展模式。2004年，由广东倡导的首届泛珠大会在粤港澳三地启动，一个涵盖东部、中部、西部省区和香港、澳门特别行政区在内的“9+2”区域发展“航母”正式启航。

2007年12月，广东省委提出，要深刻审视所处环境变化，深刻分析优势与不足，深刻反思思想精神状态，把思想从不适应、不利于科学发展的认识中解放出来，以新一轮思想大解放推动新一轮大发展。2008

年，国际金融危机爆发。此后几年间，广东把应对国际金融危机作为转型升级的重要机遇，深入实施“双转移”，不断增强区域发展的协调性，充分展示出中国特色社会主义能够集中力量办大事的体制和制度优势。

旗帜引领方向，道路决定命运。

党的十八大召开以后，中国特色社会主义进入新时代。以习近平同志为核心的党中央科学把握国内外发展大势，顺应实践要求和人民愿望，以巨大的政治勇气和强烈的责任担当，举旗定向、谋篇布局，迎难而上、开拓进取，取得改革开放和社会主义现代化建设的历史性成就。

短短几年间，习近平总书记两度在重要节点视察广东，多次对广东工作作出重要指示批示，寄语广东做到“三个定位、两个率先”“四个坚持、三个支撑、两个走在前列”“四个走在全国前列”，当好“两个重要窗口”。习近平总书记的把舵定向，为广东的改革发展提供了根本遵循，注入了强大动力。特别是2018年10月，习近平总书记在改革开放40周年的重要时刻亲临广东视察，对广东提出深化改革开放、推动高质量发展、提高发展平衡性和协调性、加强党的领导和党的建设等方面的工作要求，为广东新时代改革开放的再出发进一步指明了前进方向。

沿着习近平总书记指引的方向前进，广东始终壮志凌云、豪情满怀、信心百倍。党的十九大以后，广东扎实开展“大学习、深调研、真落实”工作，紧紧围绕“四个走在全国前列”的重要要求明确“1+1+9”工作部署，奋力推动习近平新时代中国特色社会主义思想在广东大地落地生根，结出丰硕成果。

广东蹄疾步稳推出800多项改革举措，积极有序承接100多项国家改革试点，一批重要领域和关键环节的改革取得重大突破，一批啃硬骨头的改革迈出实质性步伐，一批服务群众和企业的改革不断释放红利。数据显示，近年来，广东省研发经费投入持续增长，研发投入强度由2014年的2.4%、2015年的2.5%、2016年的2.58%提高到2017年、2018年的2.65%，进入创新经济体行列。到2018年，广东实现生产总值连续30年稳居全国第一，成为当之无愧的中国第一经济大省。从1978年的186亿元增加到2018年的9.73万亿元，广东地区生产总值年均增长12.5%。

当下广东正把粤港澳大湾区建设作为改革开放的大机遇、大文章抓紧抓实办好，举全省之力推进，着力在提升市场化水平、科技创新合作、扩大对外开放、增进民生福祉、推动重大合作平台建设等重点领域实现新突破，继续勇当全面深化改革开放的弄潮儿、奋进者。

新时代是奋斗者的时代。改革开放40年来，我们以敢闯敢干的勇气和自我革新的担当，闯出了一条新路、好路，实现了从“赶上时代”到“引领时代”的伟大跨越。

长风破浪会有时，直挂云帆济沧海。从新起点再出发，前行路上还有许多“娄山关”“腊子口”要征服。在新时代全面深化改革开放的伟大实践中，广东唯有继续逢山开路、遇水架桥，驱动中国号巨轮驶向更加深阔的水域，风雨无阻向前进，不断激荡起改变中国、影响世界的澎湃动力，才能将改革开放进行到底！

■ 深圳莲花山公园

目录

概述：先行一步的使命　敢为人先的担当
——广东改革开放40年的历程与成就 / 001

广州：改革不停顿　开放不止步 / 051

深圳：实践证明改革开放是正确的 / 083

珠海：高举改革旗帜　坚守特区精神 / 113

佛山：敢为人先　五虎生威 / 143

惠州：发展道路越来越宽 / 169

东莞：打造国际制造名城 / 193

中山：迈入新时代　筑梦新征程 / 217

江门：发挥侨乡特色　建设工业名城 / 243

肇庆：坚持新发展理念　实现高质量发展 / 271

清远：北江明珠初长成 / 293

结语 / 319

后记 / 320

概述：先行一步的使命 敢为人先的担当

——广东改革开放40年的历程与成就

1978年12月，中共十一届三中全会作出把党和国家的工作中心转移到经济建设上来，实行改革开放的历史性决策。从此，中华民族迈上社会主义现代化建设新征程，大踏步赶上时代，迎来了从站起来、富起来到强起来的伟大飞跃。

40年前，党中央和中国改革开放总设计师邓小平支持广东先行先试，率先创办经济特区。以习仲勋为代表的改革先行者以“敢为人先”的历史担当和“杀出一条血路”的革命精神，带领广东人民解放思想，在改革开放中先走一步，为全国提供了有益经验。

党的十四大以后，广东“增创新优势，更上一层楼”，推动改革开放的巨轮激流勇进驶入新世纪。党的十六大以后，广东率先探索破解经济社会发展中遇到的突出矛盾和问题，用自己的创造性工作，努力当好实践科学发展观排头兵。

党的十八大以后，在以习近平同志为核心的党中央的亲切关怀和坚强指导下，广东高举新时代中国特色社会主义思想伟大旗帜，深入贯彻落实党中央决策部署，进一步解放思想、改革创新，真抓实干、奋发进取，上下同心打好改革攻坚战，传好改革接力棒，各项事业蓬勃发展，改革开放迈进新时代。

党的十九大从经济、政治、文化、社会、生态文明五个方面，对中国社会主义现代化建设作出新的战略部署。贯彻落实党的十九大精神、再创广东发展新局成为全省上下的共同意志、共同目标、共同行动。广东全省党员干部群众更加紧密地团结在以习近平同志为核心的党中央周围，统筹推进“五位一体”总体布局，协调推进“四个全面”战略布局，认真落实新发展理念，全面推进党的政治建设、思想建设、组织建设、作风建设、纪律建设，为实现“四个走在全国前列”提供坚强政治保证。

历史选择了广东，广东无愧于历史。广东在改革开放大潮的洗礼中焕发新生，从一个经济相对落后的边陲省份，一跃成为全国第一经济大省，以开放自信、充满活力的崭新姿态走向世界、迈向现代化。

作为中国改革开放的排头兵、先行地、试验区，广东始终走在经济建设、政治建设、文化建设、社会建设、生态文明建设和党的建设前列。40年来，广东一直是展示中国改革开放成就的重要窗口，也是国际社会观察中国改革开放的重要窗口。

实践证明，改革开放是当代中国发展进步的活力之源，是我们党和人民大踏步赶上时代前进步伐的重要法宝，是坚持和发展中国特色社会主义的必由之路。

经济建设

解放思想　先行一步

经济体制改革和对外开放，一直是推动珠江三角洲经济崛起的两股重要力量。改革开放前，广东是一个经济相对落后的农业省份。因存在较大发展差距，粤港边境一直存在严重的偷渡外逃现象。

1978年7月，随着国际产业从“亚洲四小龙”向中国内陆转移，香港商人张子弥带着从全球市场斩获的订单，在东莞虎门创办了中国最早的“三来一补”企业之一——东莞县太平手袋厂。

3个月后，为进一步增强企业的活力，扩大企业的自主权，一项经济体制改革的首创在粤北的清远县试点。原清远县委书记陈国生回忆：“清远开始推行‘超计划利润提成奖’试点当年第四季度利润，利润就超过前三个季度总和。”

面对社会争议，习仲勋力推“清远经验”，广东省委、省政府正式发文，称其为一种大胆的、可贵的尝试。很快，“清远经验”得以在全省推广并获得国务院的充分肯定。

1979年4月，广东省委向中央“要权”，给予广东在对外经济活动中“先走一步”的权力，使广东经济建设的脚步加快。

7月8日，蛇口工业区响起填海建港的开山炮。

7月15日，中发〔1979〕50号文正式下发，党中央、国务院正式批准广东、福建两省在对外经济活动中实行“特殊政策和灵活措施”。

仅仅4个月，新中国第一个对外开放的工业区——“蛇口工业开发区”各项工作准备就绪。“时间就是金钱，效率就是生命”的口号振聋发聩，成为一个时代的思想和文化坐标。

1980年8月，深圳、珠海、汕头经济特区相继成立。以创办经济特区为突破口，广东不断扩大对外开放，拉开了在全国改革开放中“先走一步”的序幕。

进入20世纪80年代，面对“雇工”现象不断扩大的趋势。时任广东省委第一书记的任仲夷在《关于陈志雄承包鱼塘三百多亩的情况调查》上作出“有条件的，可以仿效”的批示， 率先为农村雇工经济放行，计划经济体制的坚冰逐步融化。

20世纪80年代，全国改革开放风起云涌，百舸争流。

解放思想的广东乘势而上，全面深化经济体制改革，大力发展商品经济，扩大对外开放，积极发挥经济特区的“窗口”作用，外向型经济实现高速发展。

通过引入“三资企业”改变自身产业结构的东莞、南海、顺德和中山，经济社会迅猛发展，一跃成为广东“四小虎”。遍布珠江三角洲的乡镇企业在开放的浪潮下，逐步走出一条别具一格的中国农村工业化道路。

20世纪90年代，广东全面推进深化经济体制改革，率先初步建立起了社会主义市场经济体制的基本框架。

1991年到1996年，国务院先后批准广东建立沙头角、福田、广州、汕头、盐田港和珠海保税区，广东对外开放步伐进一步加快。

进入21世纪，随着中国改革开放试验由局部转向总体推进，广东原有的政策、体制优势逐渐弱化，迫切需要通过深化改革增创发展新优势。

围绕发展中面临的一系列突出问题和矛盾，广东开展新一轮思想大解放，继续深入推进改革开放，加快转变经济发展方式，努力争当实践科学发展观的排头兵。

2008年，国际金融危机悄然爆发。广东省委、省政府出台《关于推进产业转移和劳动力转移的决定》，推进“腾笼换鸟”，实施产业和劳动力“双转移”。

2010年5月，广东省委、省政府出台《关于加快经济发展方式转变的若干意见》，推出遴选广东现代产业500强等一系列重大举措。

2014年12月，国务院作出决定：设立中国（广东）自由贸易试验区，以制度创新打造高水平对外开放新引擎。

2015年5月，着眼新形势、新挑战、新任务，党中央、国务院下发《关于构建开放型经济新体制的若干意见》，加快构建开放型经济新体制的顶层设计。

作为深化改革开放的新高地，自2015年4月挂牌起，广东自贸试验区坚持以制度创新为核心大胆探索，截至2018年，共形成385项制度创新成果，加快构建开放型经济新体制。

2016年2月，广东率先出台全国首个省级供给侧结构性改革方案，坚决打赢供给侧结构性改革这场硬仗，为广东率先全面建成小康社会奠定坚实基础。

2018年4月8日，广东全省全面深化改革工作会议强调，要以改革开放40周年为新起点，高扬改革旗帜，焕发当年“敢为天下先”的改革勇气和精神，奋力开创新时代广东深化改革发展新局面。

2018年6月，广东省出台《中共广东省委　广东省人民政府关于推进乡村振兴战略的实施意见》，按照“3年取得重大进展、5年见到显著成效、10年实现根本改变”要求，全面实施乡村振兴战略，明确到2020年乡村振兴取得重大发展，为2035年乡村振兴取得决定性进展、2050年实现全面振兴奠定坚实基础。

广东把创新驱动发展作为经济社会发展的核心战略，加快形成以创新为主要引领和支撑的经济体系和发展模式。2018年，广东研发经费支出占地区生产总值比重达2.65%，有效发明专利达24.9万件，PCT（专利合作条约）国际专利申请量约占全国一半。广东地区生产总值增长由1978年的185.85亿元增加到2018年的9.73万亿元，连续30年居全国首位。

人勤春来早，奋进正当时。当前，广东深入学习领会习近平总书记关于粤港澳大湾区建设的重要论述和重要指示批示精神，把粤港澳大湾区建设的重大历史机遇叠加的有利时机，举全省之力推动粤港澳大湾区建设，坚决完成好党中央交给广东的新任务，以新的更大作为奋力实现“四个走在全国前列”、当好“两个重要窗口”，不断把大湾区建设的美好蓝图变成奋发有为的生动实践和繁荣发展的现实成果。

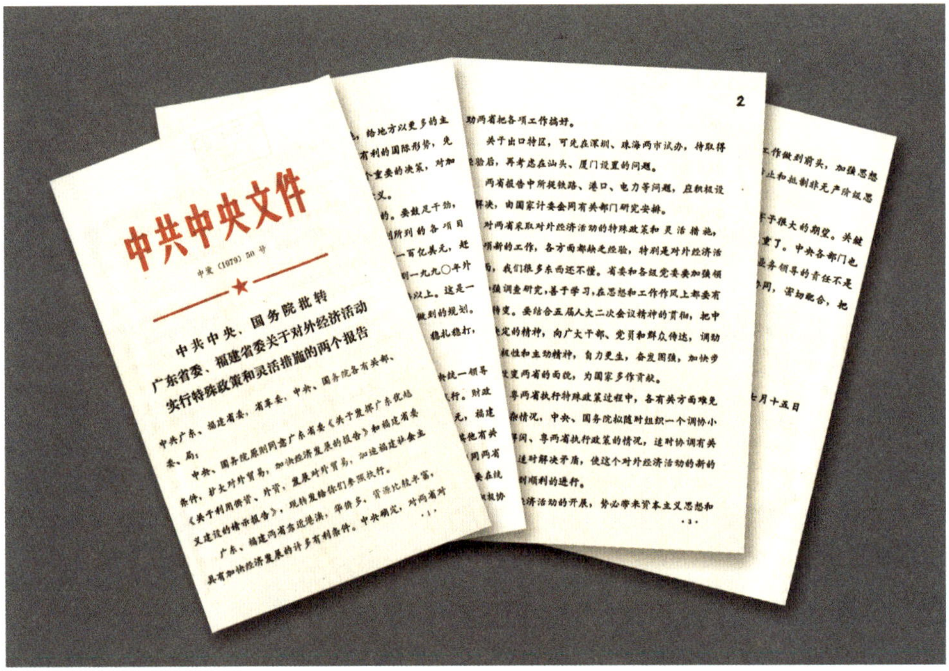

■ 1979年，中共中央、国务院批转广东省委、福建省委关于对外经济活动实行特殊政策和灵活措施的两个报告

■ 中国最早的“三来一补”企业之一——东莞县太平手袋厂生产车间

■ 1980年，肇庆农民陈志雄开始雇人帮工

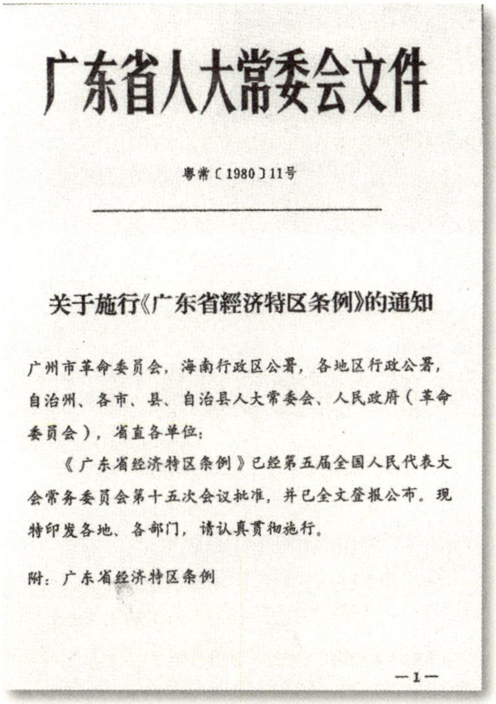

广东省人大常委会文件

粤常〔1980〕11号

关于施行《广东省經济特区条例》的通知

广州市革命委員会，海南行政区公署，各地区行政公署，自治州、各市、县、自治县人大常委会、人民政府（革命委員会），省直各单位：

《广东省经济特区条例》已经第五届全国人民代表大会常务委員会第十五次会议批准，并已全文登报公布。现特印发各地、各部门，请认真贯彻施行。

附：广东省经济特区条例

—1—

■ 1980年8月，广东省人大常委会颁布《关于施行〈广东省经济特区条例〉的通知》

■ 1998年3月30日，举行粤港合作联席会议成立仪式

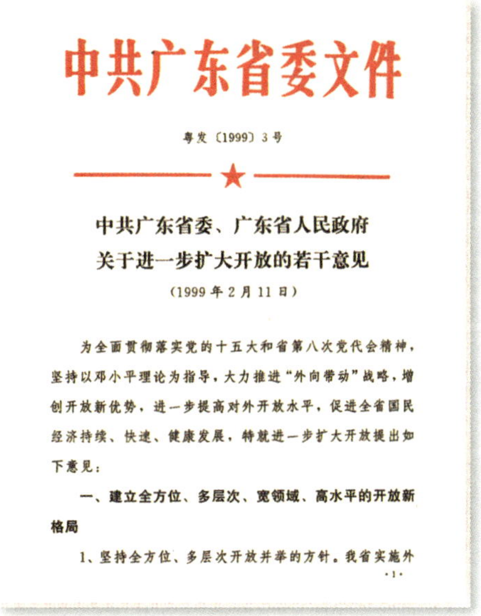

中共广东省委文件

粤发〔1999〕3号

★

中共广东省委、广东省人民政府
关于进一步扩大开放的若干意见

（1999年2月11日）

为全面贯彻落实党的十五大和省第八次党代会精神，坚持以邓小平理论为指导，大力推进"外向带动"战略，增创开放新优势，进一步提高对外开放水平，促进全省国民经济持续、快速、健康发展，特就进一步扩大开放提出如下意见：

一、建立全方位、多层次、宽领域、高水平的开放新格局

1、坚持全方位、多层次开放并举的方针。我省实施外

·1·

■ 1999年2月，广东省委印发《中共广东省委、广东省人民政府关于进一步扩大开放的若干意见》

■ 2004年7月14日，首届泛珠三角区域经贸合作洽谈会在广州召开

■ 2008年5月29日，广东省委、省政府召开广东省推进产业转移和劳动力转移工作会议

■ 2015年4月21日，中国（广东）自由贸易试验区在广州南沙举行挂牌仪式

■ 2016年2月29日，广东省供给侧结构性改革工作会议在广州召开

■ 2017年9月22日上午，2017广东21世纪海上丝绸之路国际博览会（海博会）产融合作发展高端论坛在广州举行。图为主题论坛现场举行的“一带一路”沿线国家商协会国际实用汉语培训合作启动仪式

政治建设

不忘初心　勇担使命

1977年11月，邓小平视察广东。针对屡禁不止的逃港潮，邓小平指出，“逃港主要是生活不好，差距太大，最大的问题是政策问题”。

1978年4月，刚复出的习仲勋被中央委以重任，南下主政广东。

5月11日，《光明日报》发表特约评论员文章《实践是检验真理的唯一标准》。在习仲勋的大力推动下，广东成为全国响应真理标准问题讨论最早的省份之一。“解放思想、实事求是”的思想路线得以在广东重新确立。

1978年12月，党的十一届三中全会召开，作出把党的工作重点转移到社会主义现代化建设上来、实行改革开放的历史性决策，广东掀起了思想解放的大潮。

12月24日，广东省委发出《关于认真学习党的十一届三中全会公报的通知》。按照中央的要求，广东坚定不移推进拨乱反正，大力平反冤假错案，正确处理历次政治运动遗留问题，全面落实干部、华侨、宗教、知识分子等政策，以巨大的改革勇气，为改革开放“先走一步”奠定坚实基础。

改革开放起步之初，习仲勋、杨尚昆等改革开放先行者、开拓者奔赴全省70多个市县深入调研，全力推进工作重点转移。深圳、珠海、汕头经济特区建设在争议中不断取得突破。

1984年1月，邓小平第一次视察经济特区，充分肯定了经济特区的发展。在中央的大力支持下，广东坚持“打击经济犯罪坚定不移，对外开放、对内搞活坚定不移”，面对改革开放中出现的一些问题，广东省委提出“允许‘变通’，不许‘变相’；‘排污不排外’，率先从计划经济体制中杀出来”。

1992年春天，邓小平视察广东，发表著名的“南方谈话”，提出要坚持党的十一届三中全会以来的路线、方针、政策，关键是“坚持一个中心、两个基本点”，从根本上肯定了社会主义制度，回应了外界对社会主义制度的误解与歪曲，为广东继续改革开放指明了方向。

发展社会主义民主，健全社会主义法治，是中国特色社会主义事业的重要组成部分。处在改革开放前沿的广东不仅在经济发展上取得了优异成绩，在民主法治建设上同样取得重大成就。

1989年，中国第一个反贪局在广东省人民检察院建立。

1993年，广东省第七次党代会作出“建设民主政治，实行以法治省”的决策，在全国率先成为依法治省的先行省。

1998年，广东省委印发通知，决定撤销农村管理区办事处，改设村民委员会，实行村民自治，通过不断完善基层民主建设，推动社会主义民主政治建设。

党的十五大召开后，广东同步批准实施本省“十二五”规划与法治广东建设五年规划，不少政府部门官方网站、官方微博都在试水网络问政。

迈入21世纪，广东进一步解放思想，真抓实干，成功应对中国加入WTO（世界贸易组织）以及国际金融危机等带来的挑战。

2007年12月25日，广东省委对正处于新的历史起点上的广东所面临的困难与不足进行了深刻分析，提出只有坚持解放思想，不断破除旧的发展模式的羁绊，才能够继续领先一步，全面转入科学发展的轨道。

党的十八大以后，广东全力推进科学立法、严格执法、公正司法、全民守法，完善广东法治化营商环境，全面提升法治广东建设水平，在不断探索中逐步形成了依法治省的“广东模式”。

2015年2月，《广东省政府法律顾问工作规定》公布，在全省实行法律顾问制度；9月，广东重点推进赋予设区的市地方立法权工作，分三批确定17市的地方立法权；10月，在省政协积极建言下，《广东省华侨权益保护条例》出台，成为我国第一个保护华侨权益的省级地方法规……

习近平总书记对广东工作高度重视，寄予厚望，从“三个定位、两个率先”“四个坚持、三个支撑、两个走在前列”到“四个走在全国前列”，多次对广东工作作出重要指示批示。在改革开放40周年之际，习近平总书记再次视察广东，对广东提出深化改革开放、推动高质量发展、提高发展平衡性和协调性、加强党的领导和党的建设等方面的要求，为广东的全面深化改革开放指明前进方向、提供根本遵循。

40年改革开放征程，广东始终高举中国特色社会主义伟大旗帜，蹄疾步稳推进全面深化改革，坚决破除各方面体制机制弊端，不忘初心，勇担使命，为决胜全面建成小康社会，夺取新时代中国特色社会主义伟大胜利，实现中华民族伟大复兴的中国梦不懈奋斗。

1978年5月13日 星期六 第二版

南方日報

实践是检验真理的唯一标准

《光明日报》特约评论员

检验真理的标准只能是社会实践

理论与实践的统一，是马克思主义的一个最基本的原则

革命导师是坚持用实践检验真理的榜样

任何理论都要不断接受实践的检验

■ 1978年5月13日，《南方日报》转载《实践是检验真理的唯一标准》

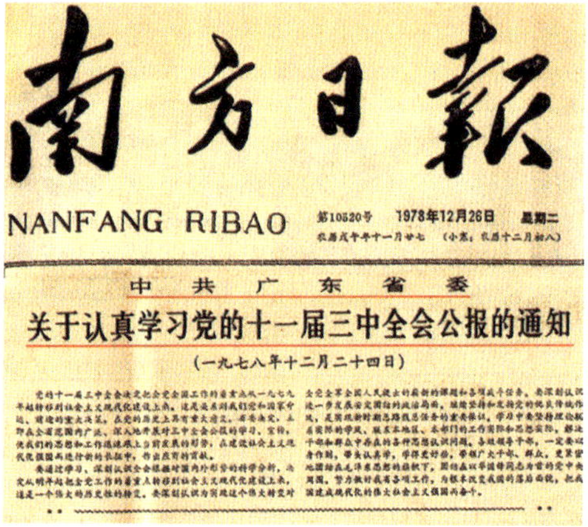
南方日報

NANFANG RIBAO 第10520号 1978年12月26日 星期二

中 共 广 东 省 委

关于认真学习党的十一届三中全会公报的通知

（一九七八年十二月二十四日）

■ 1978年12月24日，广东省委发出《关于认真学习党的十一届三中全会公报的通知》

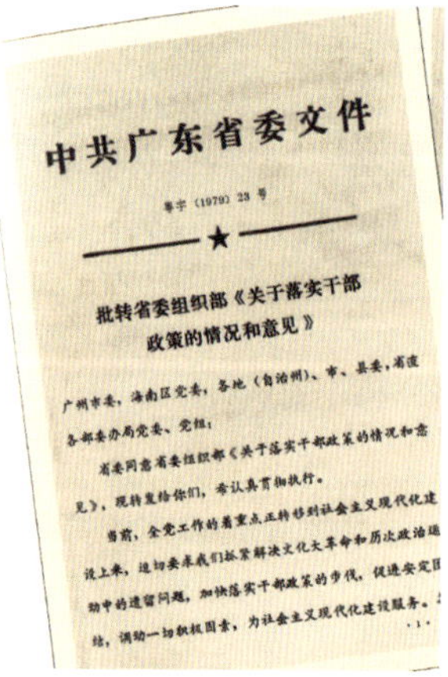
中共广东省委文件

粤字（1979）29号

批转省委组织部《关于落实干部政策的情况和意见》

■ 1979年3月，广东落实干部政策文件

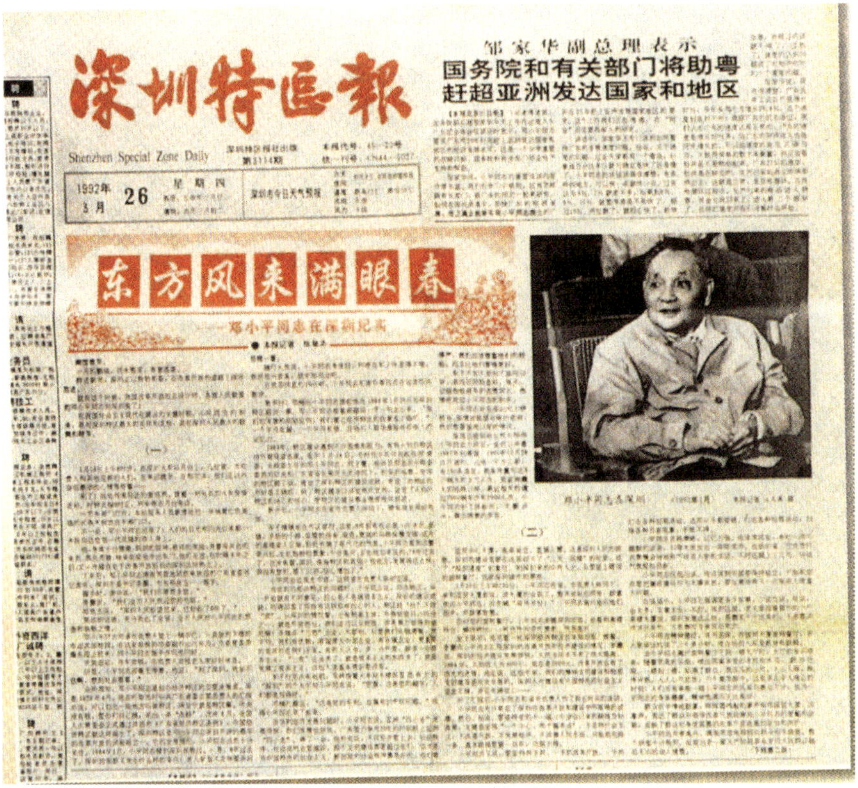

深圳特區報

Shenzhen Special Zone Daily

1992年3月26 星期四

邹家华副总理表示

国务院和有关部门将助粤赶超亚洲发达国家和地区

东方风来满眼春

——邓小平同志在深圳纪实

（一）

（二）

■ 1992年3月26日，《深圳特区报》刊登《东方风来满眼春》，真实记录邓小平南方谈话

■ 2005年2月25日，广东省较大的市立法工作座谈会召开，省人大法制委员会、省政府法制办会同广州、深圳、珠海、汕头四市人大法制委员会和政府法制办共同研究如何进一步做好地方立法工作

■ 2005年7月，广东省人大敢为天下先，表决通过《广东省政务公开条例》

■ 人民群众踊跃参与选举

■ 2013年1月26日，政协委员在省政协十一届一次会议大会上即席发言

■ 2014年1月，广州增城石滩镇下围村率先试点建立村民议事厅。图为该村在新农村建设中广泛听取村民意见

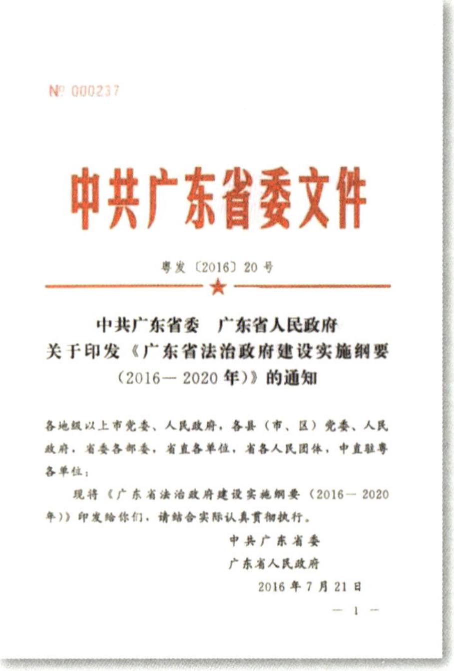

№ 000237

中共广东省委文件

粤发〔2016〕20号

中共广东省委　广东省人民政府
关于印发《广东省法治政府建设实施纲要
(2016—2020年)》的通知

各地级以上市党委、人民政府，各县（市、区）党委、人民政府，省委各部委，省直各单位，省各人民团体，中直驻粤各单位：

现将《广东省法治政府建设实施纲要（2016—2020年）》印发给你们，请结合实际认真贯彻执行。

中共广东省委
广东省人民政府
2016年7月21日

— 1 —

■ 2016年7月21日，广东省委发出《中共广东省委　广东省人民政府关于印发〈广东省法治政府建设实施纲要（2016—2020年）〉的通知》

文化建设

文化大省 屡开先河

广东是岭南文化的发源地。改革开放后，广东在不断推进经济建设的同时，始终坚持“两手抓，两手都要硬”，着力推进社会主义精神文明建设。40年来，广东文化建设大踏步前行并取得显著成就，为推进文化强省建设打下坚实基础。

1985年，广东省委在广州市南华西街召开现场会，1992年在南海市召开“广东省创建文明户、文明村镇经验交流会”，积极推广创建精神文明“城市要学南华西街，农村要学南海”的“两南”经验。

1989年，中国“体操王子”李宁加盟广东健力宝集团，创立“李宁”品牌，开中国体育用品品牌经营的先河。同年，广东电视台出品的《公关小姐》，是首部反映改革开放与公关行业，关注女性和女性群体生活的电视剧，播出之后好评如潮。

1993年，首届南国书香节成功举办。经过多年探索培育，南国书香节由单一图书交易活动发展成为集出版效果展示、出版展销、文化活动、信息服务教育于一体的综合性文化平台。

1994年11月，广州购书中心开业，成为在全省具有影响力的大型图书文化企业。12月，广东省首届粤剧演艺大赛在广州南方剧院举行，开全国地方戏曲系统赛事的先河。

从1995年开始，广东开始实施跨世纪文化工程——南粤锦绣工程，目标是建立一个与广东省经济社会发展相适应、具有岭南特色的社会主义新文化体系。

1998年9月，广东省委、省政府出台《关于依靠科技进步推动产业结构优化升级的决定》，提出广东要增创发展新优势，必须加快实施“科教兴粤”战略。

同年，广东省实施山区文化建设工程，重点扶持粤东、粤西两翼落后地区，加强当地图书馆、博物馆、群艺馆、文化馆（站）基层剧团等文化基础建设，积极鼓励社会力量兴办文化设施。

20世纪90年代，广东推出一批在全国有较大影响的文化艺术精品。其中电影《赛龙夺锦》获国家华表奖，电视剧《情满珠江》获“飞天奖”“五个一工程奖”“金鹰奖”三大全国奖项一等奖。

2003年，广东省委、省政府出台《广东省建设文化大省规划纲要（2003—2010年）》，提出建设文化大省。通过推进文化大省建设，广东文艺创作硕果累累，文化产业欣欣向荣。

党的十六大提出，“积极发展文化事业和文化产业”。按照“政府支持、社会参与、市场运作、规范管理”原则，2004年11月，中国内地第一个国际性文化产业博览会在深圳诞生。经过14届的培育和成长，深圳文博会成为闻名遐迩的“中国文化产业第一展”。

2010年7月，广东省委、省政府印发《广东省建设文化强省规划纲要（2011—2020年）》。文件指出，力争用10年时间，把广东建设成为在全国具有重要影响力的区域文化中心、发展社会主义先进文化的排头兵、提升我国文化软实力的主力省、中国文化“走出去的生力军”及率先探索中国特色社会主义文化发展道路的示范区。

党的十八大以后，广东大力加强基层文化设施建设，形成布局合理、设施先进、功能完善、覆盖城乡的公共文化服务设施体系，文化建设惊喜不断。

2013年6月，侨批档案入选联合国世界记忆名录，广东实现世界记忆遗产零的突破；2013年11月，首届中国国际马戏节在珠海开幕，中国传统的马戏艺术融入世界，与全球马戏文化共同发展、共同提升；2014年10月，广东歌舞剧院倾力打造的首部以广东音乐为内容的大型原创舞剧《沙湾往事》在广州大剧院首演……

通过大力促进文化与经济融合，广东不断为经济建设注入文化内涵，“文化+金融”“文化+科技”“文化+旅游”“文化+贸易”“文化+制造”“文化+互联网”等新形态逐渐成为文化产业发展的趋势，文化综合竞争力不断增强。

坚定文化自信，是事关国运兴衰、文化安全的大问题。

党的十八大以后，党中央加强对意识形态工作的领导。经中央批准，国内第一家全媒体集团——南方财经全媒体集团于2016年11月在广州诞生。

展望未来，广东将全面实现文化事业的大繁荣、大发展，推进文化事业和文化产业双轮驱动，推动文化业态创新，促进文化与科技、信息、旅游、体育、金融等产业整合发展，深入实施文化科技创新工程和开展“互联网+”行动，为人民群众提供更高品质的文化产品和精神食粮。

■ 1984年10月1日，在中华人民共和国成立35周年的盛大庆典活动上，写着“时间就是金钱，效率就是生命”口号的蛇口工业区大型彩车驶过天安门广场，接受党和国家领导人的检阅

■ 广州南华西街

■ 1989年，电视连续剧《公关小姐》剧照

■ 1993年8月，第一届南国书香节在广州成功举办

■ 1994年11月23日，广州购书中心开业

■ 2004年11月18—22日，首届深圳国际文化产业博览会开幕

■ 2010年11月广州亚运会开幕式

■ 2014年10月9日，大型原创舞剧《沙湾往事》在广州大剧院首演

■ 2016年11月17日，南方财经全媒体集团揭牌成立

■ 广州地铁打造传播核心价值观的“地下文化长廊”

社会建设

统筹城乡　齐奔小康

改革开放40年来，广东公共服务与经济社会水平协调发展，不断推动保障和改善民生、促进社会公平、提升社会质量，社会建设取得显著成就。

1987年8月落成的广州天河体育中心，是改革开放后第一个建成的全国大型综合体育设施。

广深高速公路、广州地铁一号线、东江—深圳供水三期扩建工程、广深铁路、广梅汕铁路、汕头海湾大桥、虎门大桥等大型基础建设项目相继建成。

覆盖城乡的农（居）民基本医疗保险制度也在广东率先试水。

1992年深圳在全国率先打破原有公费医疗、劳保医疗制度，实行统一的城镇职工医疗保险制度，拉开了我国职工医疗保障制度改革的序幕。同年，东莞在全国率先实施职工社会医疗保险办法，实现医疗保险制度改革的突破，并推广至农村。1997年，广东在全国率先建立起城乡一体化的最低生活保障制度。

为全面推动山区贫困地区脱贫奔康，2000年6月，广东省委、省政府决定开展扶贫“两大会战”。

进入21世纪，广佛肇、深莞惠、珠中江经济圈建设加快，珠江三角洲一体化进程深入推进，为广东经济发展打造出强大引擎。中山、佛山、东莞、江门四市作为试点城市，在全国率先开办个人赴港旅游。通过不断提升珠江三角洲带动粤东粤西粤北，广东构建了区域城乡互动协调发展新格局，社会主义新农村建设成效显著，农村面貌焕然一新。

自2005年起，广东严格按照国家统一部署，连续10多年调整提高企业退休人员基本养老金。2015年基本养老金年度调整后，全省月人均养老金提高至2400元，超出“十二五”规划目标的20%。

2007年8月，《中共广东省委 广东省人民政府关于解决社会保障若干问题的意见》，规定广东省建立被征地农民生产生活保障制度、城镇居民基本医疗保险制度，坚持科学发展，促进社会和谐，着力完善民生保障。

2009年，《广东省基本公共服务均等化规划纲要（2009—2020年）》明确推进基本公共服务均等化的指导思想、发展目标、实施路径和保障机制。广东省养老、失业、医疗和工伤保险参保人数持续扩大，多年稳居全国首位。

2013年，广东省政府下发《广东省城乡居民社会养老保险实施办法》，整合新农保、城居保两项制度，在全省建立统一的城乡居保制度，基本实现制度全覆盖和人群全覆盖。

2014年修订发布《广东省城乡居民基本养老保险实施办法》，率先整合城镇居民医保和新农合制度，探索建立重特大疾病保险制度，实现城乡居民医保公共服务均等化。

2015年7月，广东全省进一步促进粤东西北地区振兴发展工作会议强调，要深化对口帮扶工作，坚定不移推进粤东西北地区振兴发展战略。

2016年起，在“精准识别、精准施策”的精准扶贫思想指导下，广东省累计近117万相对贫困人口达到当年脱贫标准。2017年城市居民最低生活保障人均支出7279.7元，是2010年的3.7倍；农村居民最低生活保障人均支出3248.3元，是2010年的3.6倍；五保户供养人均支出9219.4元，是2010年的4.3倍。

进入新时代，广东把防范化解重大风险摆在更突出的位置，2018年，制定《广东省打好防范化解重大风险攻坚战三年行动计划（2018—2020年）》，建立健全党委、政府主导，部门联动的高效便捷的工作机制，推动实现防范化解重大风险制度化、常态化。

改革开放40年来，广东始终坚持把改善民生放在首位，加快健全基本公共服务体系，把资金投入到让老百姓真正受惠的领域，逐步提高居民收入在国民收入分配中的比重。加大财政、税收在初次分配和再分配中的调节作用，不断缩小贫富差距，人民群众获得感、幸福感、安全感显著提升。

■ 1987年8月建成的广州天河体育中心

■ 1993年12月2日建成、1997年7月1日正式通车营运的广深高速公路

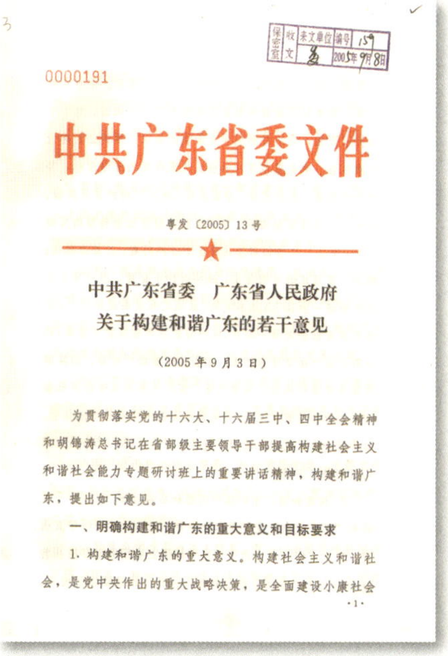

0000191

中共广东省委文件

粤发〔2005〕13号

中共广东省委　广东省人民政府
关于构建和谐广东的若干意见

（2005年9月3日）

为贯彻落实党的十六大、十六届三中、四中全会精神和胡锦涛总书记在省部级主要领导干部提高构建社会主义和谐社会能力专题研讨班上的重要讲话精神，构建和谐广东，提出如下意见。

一、明确构建和谐广东的重大意义和目标要求

1. 构建和谐广东的重大意义。构建社会主义和谐社会，是党中央作出的重大战略决策，是全面建设小康社会

·1·

■ 2005年9月发布的《中共广东省委　广东省人民政府关于构建和谐广东的若干意见》

■ 2006年12月21日，东莞莞城16户住房困难户喜领新房钥匙

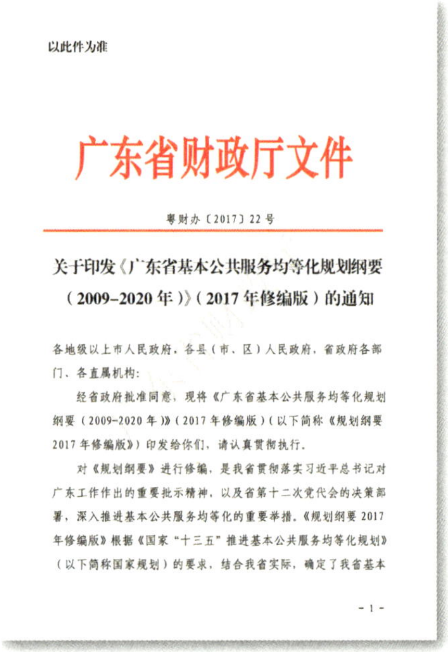

以此件为准

广东省财政厅文件

粤财办〔2017〕22号

关于印发《广东省基本公共服务均等化规划纲要（2009–2020年）》（2017年修编版）的通知

各地级以上市人民政府，各县（市、区）人民政府，省政府各部门、各直属机构：

经省政府批准同意，现将《广东省基本公共服务均等化规划纲要（2009–2020年）》（2017年修编版）（以下简称《规划纲要2017年修编版》）印发给你们，请认真贯彻执行。

对《规划纲要》进行修编，是我省贯彻落实习近平总书记对广东工作作出的重要批示精神，以及省第十二次党代会的决策部署，深入推进基本公共服务均等化的重要举措。《规划纲要2017年修编版》根据《国家“十三五”推进基本公共服务均等化规划》（以下简称国家规划）的要求，结合我省实际，确定了我省基本

- 1 -

■ 2009年12月，广东省财政厅发布《广东省基本公共服务均等化规划纲要（2009—2020年）》；2017年6月，为适应新形势，对该文件进行了修编

■ 2010年6月30日，广东省扶贫济困日启动仪式在中山纪念堂举行

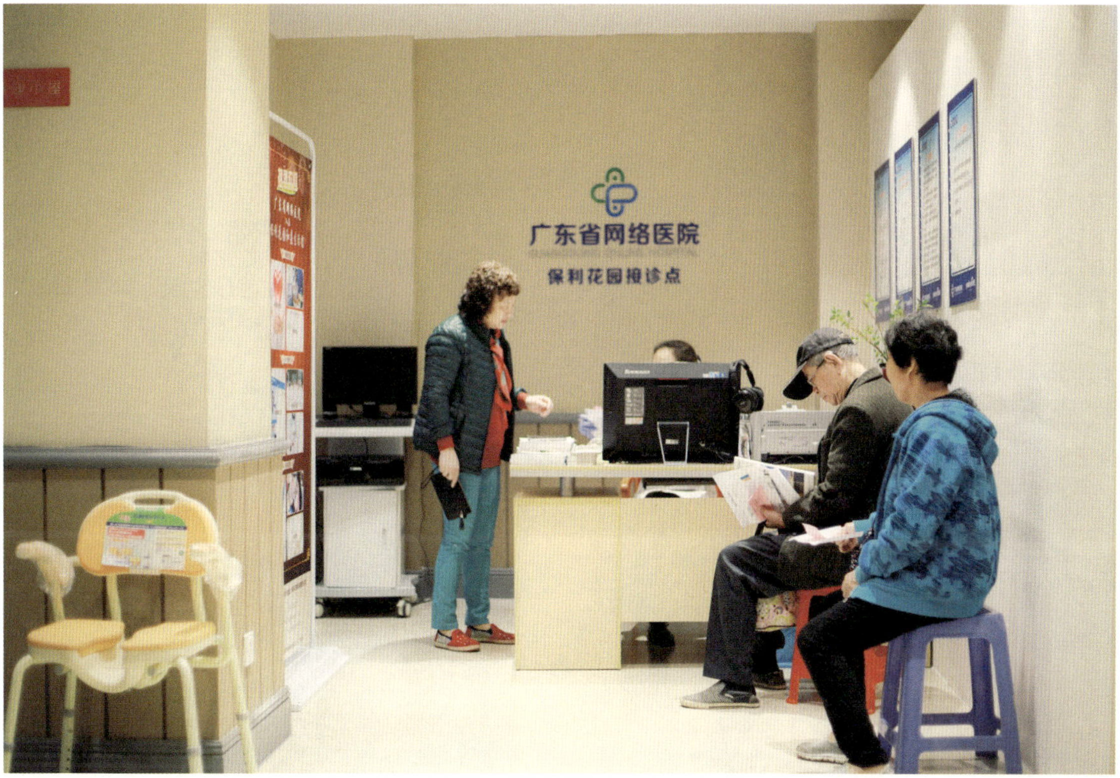

■ 2014年10月25日，广东省网络医院在广东省第二人民医院正式上线启用，是全国首家获得卫生计生部门许可的网络医院

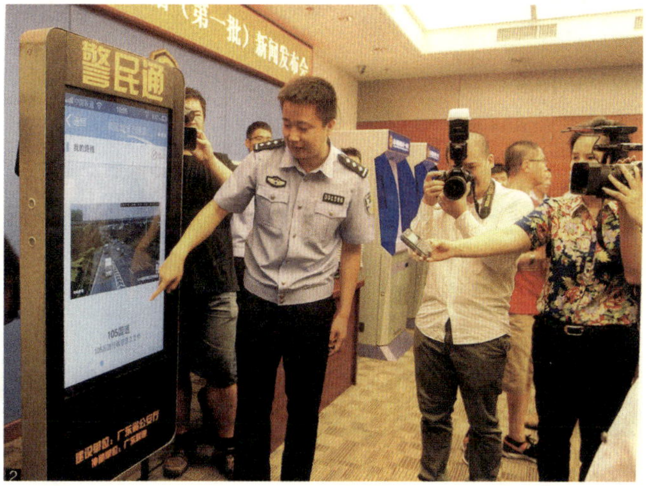

■ 2015年8月4日，广东省公安厅向社会发布20项惠民举措。图为举措之一的“警民通”展示

■ 改革开放后，珠江三角洲一带农民生活水平迅速提高，富裕起来的农民，纷纷包车、包机到各地去旅行

■ 40年来，广东教育实现从幼儿教育、基础教育、高等教育、职业教育的全方位、跨越式发展。图为广州大学城

生态文明建设

规划引领　绿富同兴

生态兴，则文明兴。

在省委、省政府的决策部署下，广东牢固树立和践行新发展理念，在经济发展保持全国领先的同时，率先大力推动产业结构、能源结构的调整，环境质量实现标志性改善，环境与经济发展实现共赢，为广东迈向高质量发展、实现绿色发展提供良好的生态保障。

早在1984年11月，广东省委、省政府发布《关于加快造林步伐，尽快绿化全省的决定》，提出10年绿化广东的战略任务。历经8年奋斗，1991年2月，中共中央、国务院授予广东省“全国荒山造林绿化第一省”光荣称号。

进入21世纪，广东绿色生态文明建设进入规划阶段。

2010年7月，着力于环境优化经济发展、不断改善环境质量、维护环境安全，广东发布《珠江三角洲环境保护一体化规划（2009—2020年）》，为区域经济一体化提供环境保障。

2010年，广东印发《珠江三角洲绿道网总体规划纲要》。这份规划，是中国第一个有关绿道的官方文件。规划对各城市绿道线路进行修正和完善，并预留与港澳、粤东粤西粤北地区衔接口，对将要全面铺开的城市绿道建设提供技术指引。

党的十八大以后，党中央全面落实绿色发展理念，坚持“绿水青山就是金山银山”理念，加快推进生态文明建设，大力推进发展观念和发展方式转变，不断巩固扩大生态环境优势。广东坚守环保底线，积极推进污染防治“三大战役”，不断巩固扩大生态环境优势，逐步推动经济发展和环境保护实现共赢。

2013年8月，广东省委、省政府作出全面推进新一轮绿化广东大行动的战略决策，明确提出在珠江三角洲地区率先建成全国首个国家森林城市群。随着2018年深圳、中山成功入围“国家森林城市”名单，珠江三角洲九市实现“国家森林城市”全覆盖。

截至2018年底，全省累计完成绿道建设18019公里，其中省立绿道64公里、市立绿道11995公里，形成省立绿道—城市绿道—社区绿道互联互通的完整、连续、可达的绿道网络，累计配套建成驿站238个、自行车租赁点368个，安全设施、标识牌等基本配套完善。

随着新一轮绿化广东大行动不断深入，绿道、古驿道、美丽海湾建设和雷州半岛生态修复等重点生态工程顺利推进，全省森林公园达1373个，湿地公园达203个，国家森林城市达7个，森林覆盖率提高到59.08%。南粤大地处处呈现出绿水绕青山、白云映碧空的勃勃生机。

珠江三角洲在全国率先实施大气污染防治区域联防联控，2015年到2017年，全省及珠江三角洲空气质量连续3年达标，完成国家大气考核目标，成为全国三大城市群中首度实现PM2.5（细颗粒物）连续3年达标的城市群。超额完成国家下达的节能减排降碳目标任务，全省单位生产总值能耗预计累计下降19.5%，保持全国先进水平。

作为经济第一大省，在新发展理念的指引下，广东始终坚持“生态优先，绿色发展”，主动适应把握引领经济发展新常态，坚持稳中求进的工作总基调，坚定不移推进经济结构战略性调整，全省综合实力迈上历史性新台阶。

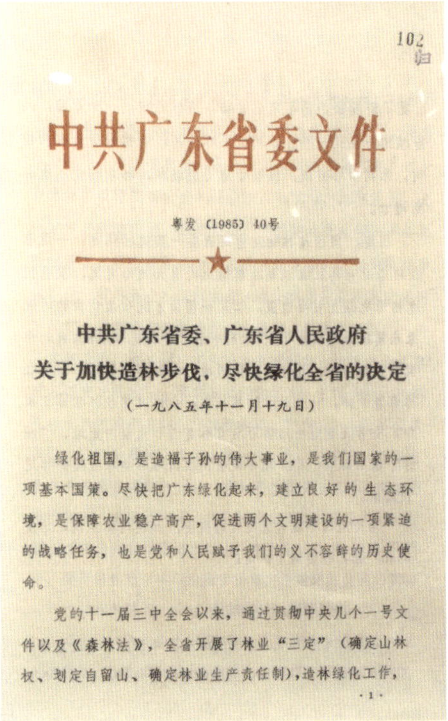
102

中共广东省委文件

粤发〔1985〕40号

中共广东省委、广东省人民政府
关于加快造林步伐，尽快绿化全省的决定

（一九八五年十一月十九日）

绿化祖国，是造福子孙的伟大事业，是我们国家的一项基本国策。尽快把广东绿化起来，建立良好的生态环境，是保障农业稳产高产，促进两个文明建设的一项紧迫的战略任务，也是党和人民赋予我们的义不容辞的历史使命。

党的十一届三中全会以来，通过贯彻中央几个一号文件以及《森林法》，全省开展了林业“三定”（确定山林权、划定自留山、确定林业生产责任制），造林绿化工作，

·1·

■ 1991年3月，中共中央、国务院授予广东省“全国荒山造林绿化第一省”光荣称号

■ 1985年11月19日，广东省委发布《中共广东省委、广东省人民政府关于加快造林步伐，尽快绿化全省的决定》

■ 2010年10月，珠海市建成中国首个中华白海豚保护基地

■ 2013年12月，广东省碳排放权交易启动

■ 2014年4月14日，新一轮绿化广东大行动推进会暨全省林业工作电视电话会议在省政府召开

■ 惠州污水处理系统

■ 广州石门天池油菜花景区

■ 在南沙湿地飞翔的黑脸琵鹭

■ 深圳大鹏绿道

党的建设

固本强基　风清气正

加强党的建设，事关党的兴衰成败，关系到国家命运和民族发展的未来。加强党的政治建设，首要任务是保证全党服从中央，坚决维护党中央权威和集中统一领导。

1978年12月，党的十一届三中全会召开，作出一系列加强党的建设的部署，决定健全党规党纪，整顿党的作风，给党的建设注入新的生机活力。

12月24日，广东省委发出《关于认真学习党的十一届三中全会公报的通知》，要求立即在全省范围内广泛、深入开展对十一届三中全会公报的学习、宣传，使人们思想和工作迅速跟上形势。

1983年，党的十二届二中全会作出关于整党的决定。广东积极响应号召，经过整党，广大党员特别是党的干部提高了在思想上政治上行动上与党中央保持一致的自觉性。

20世纪90年代起，随着改革开放的深入，腐败问题开始呈现并逐步蔓延。1992年2月，省委党风和廉政建设领导小组召开全省电话会议，要求各地进一步把反腐倡廉工作搞好，扎紧权力的笼子。

迈向新世纪，面对改革开放不断深入的新形势和新任务，党中央在深入总结党的历史经验的基础上，积极探索加强党的建设的有效途径。2000年2月，江泽民在广东考察工作时首次提出“三个代表”重要思想：我们党之所以赢得人民的拥护，是因为我们党在革命、建设、改革的各个历史时期，总是代表着中国先进生产力的发展要求，代表着中国先进文化的前进方向，代表着中国最广大人民的根本利益。

同年，广东省8县（市）结合“三个代表”重要思想的学习教育，坚持从加强基层领导班子建设入手，有针对性地解决领导班子和基层干部队伍中存在的突出问题，调整县镇村领导班子283个，撤换领导班子成员358名，使后进镇村的面貌发生显著变化，领导班子的战斗力和凝聚力明显增强。

2001年10月31日至11月2日，中共广东省委八届八次全会在广州举行。全会认真传达学习党的十五届六中全会精神，审议通过了《中共广东省委贯彻〈中共中央关于加强和改进党的作风建设的决定〉的意见》。

党的建设的历史经验表明，作风建设既是党的思想建设和组织建设的重要内容，又是思想建设和组织建设的有效保证。通过抓党的作风建设，能够有力地推动党的思想建设和组织建设。

2002年6月28日，广东省委在广州召开全省农村“三个代表”重要思想学习教育活动总结表彰大会，表彰全省138个农村基层组织建设先进单位和100名优秀农村基层干部。

2003年4月2日，广东省委、省政府在广州召开省直机关“作风建设年”活动动员大会，部署在省直机关开展以“创新观念、创新体制、创新服务、优化发展环境”为主题的机关作风建设活动。2003年6月8日，中共中央发出了《关于印发〈“三个代表”重要思想学习纲要〉的通知》。为推动兴起学习贯彻“三个代表”重要思想新高潮，2003年6月17日，广东省委宣传部召开省直宣传系统各部门负责人会议，座谈学习《“三个代表”重要思想学习纲要》（简称《纲要》）的体会，研究部署广东省组织学习《纲要》，推动兴起学习贯彻“三个代表”重要思想新高潮的工作。

与此同时，广东持续推进党风廉政建设和反腐败工作，发挥纪律审查震慑作用，持续保持惩治腐败高压态势，强化“不敢腐”的震慑。

2004年2月3日至4日，中共广东省纪律检查委员会第三次全体会议召开并指出，要从战略和全局的高度充分认识加强监督的重要性，强化对权力运行的监督，防止权力滥用，将第一把手的“生活圈”和“社交圈”列入监督范围。

确保党始终走在时代前列，更好地肩负起历史使命，必须进一步加强党的执政能力建设，保持党的先进性。

党的十六大以后，广东在全面建设小康社会进程中大力推进党的执政能力建设和先进性建设。为更好发挥基层组织的战斗堡垒作用，广东实施固本强基工程，在抗击“非典”、抗击冰雪、抗震救灾等斗争中，一大批党员先锋模范站了出来，成为诠释党员先进性的生动典范。

2009年9月，党的十七届四中全会召开，通过了《中共中央关于加强和改进新形势下党的建设若干重大问题的决定》，深刻分析了党的建设面临的新形势新任务，明确提出加强和改进党的建设的总体要求、目标任务和重要举措。

为进一步提高广东省党的建设科学化水平，《中共广东省委关于贯彻〈中共中央关于加强和改进新形势下党的建设若干重大问题的决定〉的实施意见》制定出台，对加强和改进全省党的建设作出全面部署。

党的十八大以后，以习近平同志为核心的党中央以强烈的历史担当和顽强的意志品质，直面党内存在的种种问题和弊端，坚定不移推进全面从严治党，解决了许多过去认为不可能解决的问题，党风政风和社会风气发生了全面深刻、影响深远、鼓舞人心的变化，厚植了党的执政根基，开创全面从严治党新格局。2018年，全省纪检监察机关共立案26775件，其中立案厅级干部152人、县处级干部1599人，处分21281人，形成反腐败斗争压倒性态势，政治生态明显净化，为推动广东各项事业胜利前进奠定了坚实基础。

当前，广东省委部署“大学习、深调研、真落实”工作，研究制定了《广东省加强党的基层组织建设三年行动计划（2018—2020年）》（简称《行动计划》）。通过组织实施《行动计划》，推动党的全面领导在基层落实、全面从严治党向基层延伸，实现党的基层组织建设全面进步、全面过硬，开创广东党建工作新局面。

牢记总书记嘱托，广东全省上下始终坚持以习近平新时代中国特色社会主义思想统领广东一切工作，推动党的建设开启新征程、实现再出发，不断深化全面从严治党、净化广东政治生态，推动习近平新时代中国特色社会主义思想在南粤大地落地生根、结出丰硕成果。

■ 1983年1月，原广东省海丰县委书记因贪污和受贿受审并被依法判处死刑

■ 1989年，中国第一个反贪局在广东省人民检察院成立

■ 2000年7月3—5日，广东省委学习中心组在广州松园宾馆举办“三个代表”重要思想学习会

■ 2003年6月19日，广东省抗击“非典”先进集体、先进个人表彰大会在广州召开

■ 2005年6月30日，广东省纪念中国共产党成立84周年暨第二批先进性教育活动动员大会在省委礼堂举行

■ 2008年11月2日，广东公安边防总队第七支队抗震救灾医疗突击队队长陈伟红上校应广州大学商学院党校邀请为该校600多名师生党员代表作了一期题为《党旗飘扬在抗震救灾第一线》的专题党课讲座

■ 2013年1月，广东省反腐倡廉教育基地竣工

■ 2015年5月11日，省委在珠岛宾馆召开广东省“三严三实”专题教育工作会议

■ 2015年7月20日，广东省纪委组织反腐倡廉话剧《沧海清风》到清远巡演

■ 2018年，广州市在中共三大会址、农讲所旧址等红色旧址开办新时代红色文化讲习所，让习近平新时代中国特色社会主义思想和红色文化深入人心

广州：

改革不停顿　开放不止步

激荡四十载，羊城春意百花开。

以党的十一届三中全会为标志，改革开放的恢宏巨幕在南粤大地上徐徐展开。作为广东的省会城市，广州在改革开放中屡屡先行一步，为全国探路——

1978年底，广州率先进行价格“闯关”，在价格改革中取得突破；

1984年12月，全国首批国家级经济技术开发区之一的广州经济技术开发区获批设立，举行奠基仪式；

1988年8月，利用资金“以桥养桥”模式，广州洛溪大桥正式通车；

1995年9月，中国南方人才市场成立，一举成为国内领先的国家级区域性人才市场……

进入新世纪，广州加强基础设施建设，加大投入打造机场、港口、地铁、路网、大学城和高科技园区，进一步巩固在珠江三角洲中的中心城市地位。

截至2017年，广州市民平均每9.3万人拥有一座图书馆，平均每人拥有1.49册图书，在全国居于前列；全市建成开放的61个博物馆，参观人数超过1100万人次；广州大剧院、星海音乐厅、友谊剧院等剧场，年演出量超过10000场……

广州坚持把生态文明建设放在突出位置，南沙湿地、海珠湿地入选“广东十大最美湿地”。全市已建成绿道3200公里，配套160多个驿站及服务点，与绿网、水网、路网相连，到达全市11个区，服务800万人……

40年来，广州地区生产总值由1978年的43.09亿元提高到2017年的2.15万亿元，年均增长17.27%，人均地区生产总值达2.23万美元。

2017年12月7日，《财富》全球论坛上在广州举行。152家世界500强企业、超过1000名中外各界代表出席，参会500强企业数量及CEO数量均突破历年之最。

作为改革开放的前沿阵地，广州党组织团结带领全市人民在党中央、国务院和省委、省政府的正确领导下，高扬改革之旗，不断解放思想，大胆探索实践，走过了极不平凡的40年改革开放历程。

站在新的历史起点上，广州将以新担当新作为开创改革开放工作的新局面。

经济建设

■ 1978年底，在全国率先放开价格的广州河鲜贸易货栈

■ 1980年10月，广州高第街经营的商贩取得工商牌照，高第街的个体商户也成了广州市乃至全国改革开放后的第一代个体户

■ 1983年开业的白天鹅宾馆是内地首家五星级宾馆，由粤港合资建立

■ 20世纪80年代初，广州改革统购包销的蔬菜购销体制。图为蔬菜灯光贸易早市

■ 1984年12月28日，全国首批国家级经济技术开发区之一的广州经济技术开发区举行奠基仪式

■ 1988年广州成立外商投资管理服务中心（广州市外经贸一条街）

■ 1998年5月7日，广州本田汽车有限公司、东风本田发动机有限公司的合同、章程签字仪式在花园酒店举行，广州汽车工业发展进入快车道

■ 2001年10月第90届广交会开幕，从第91届开始，广交会由一年一次调整为每年举行春、秋两次交易会

■ 2012年在广州长堤开业的广州民间金融街

■ 2015年4月21日，中国（广东）自由贸易试验区挂牌仪式

■ 2014年11月4日，广州广船国际股份有限公司建造的全国最大原油油轮“凯桂”号建成交付

■ 2016年广州港南沙港区集装箱码头

■ 广州承办2017年《财富》全球论坛。12月7日广州亿航智能公司的1180架无人机在珠江上空进行了一场精彩的无人机表演

■ 1985年1月，广州市委在南华西街召开两个文明建设现场会

■ 1987年广州市八届人大第31次会议讨论通过广州市经济社会、文化、科学技术三个发展战略纲要

■ 20世纪80年代，广州市人大代表酝酿议案的情形

■ 1992年5月2日，广州市人大常委会办公厅与广州电视台举办第1期《羊城论坛》，截至2018年已举办超过200期，成为政府职能部门与普通市民沟通交流的重要平台

■ 1993年，获广州市政府授予荣誉市民的华侨、华人和港澳同胞在市政府前合影，广州市在全国率先举办授予荣誉市民活动，引导广大华侨为广州发展作贡献

■ 1998年11月至1999年3月，番禺市首次依法举行村民委员会换届直选，由村民直接选举产生村民委员会

■ 2003年12月10日，召开《广州市城市市容和环境卫生管理规定》监督听证会。这样的监督听证会，在全国属首次

■ 2008年6月25日，广州市首个市长、区长、局长公开接访日，市民排队等候

■ 2011年10月，《依法治市幸福广州丛书》首发式

■ 不断加强党的作风建设，并深入到乡镇基层组织，如推行的农村政务村务公开等措施，大大加强了党的作风建设。图为广州市农村政务村务公开工作会议

文化建设

1980年在广州东方宾馆开办的全国第一家音乐茶座

■ 1984年，珠江电影制片厂拍摄了第一部反映民营经济的电影《雅马哈鱼档》。片中的故事、人物、场景以及语言，都源于广州街头巷尾

■ 1987年11月，在广州天河体育场举行的第六届全国运动会开幕式

■ 1996年5月，广州日报报业集团举行成立挂牌典礼，成为全国第一家报业集团

■ 1996年12月1日，第二届羊城国际粤剧节开幕式表演

■ 2005年11月9日晚，第五届中国音乐金钟奖开幕式音乐会在星海音乐厅隆重举行

■ 2006年7月，瑞典“哥德堡”号仿古船重返广州，引起全城轰动

■ 2012年3月1日，首届岭南民俗文化节、第八届广州民俗文化节暨黄埔“波罗诞”千年庙会在南海神庙开幕

■ 2013年6月，位于珠江新城的广州图书馆新馆全面投入使用

■ 2015年12月6日，广州马拉松赛开跑

■ 美轮美奂的广州大剧院

■ 2015年4月30日，在广州图书馆新馆举行《广州大典》出版座谈会，《广州大典》一期历经10年编纂完成

社会建设

■ 1979年广州在全国出租车行业中率先实行扬手即停、计程收费、24小时服务

■ 1979年广州在全国率先引进港资建设的住宅小区东湖新村

■ 1986年1月10日，广州市公安局在全国最先开通"110"电话报警服务台

■ 1988年8月，按"以桥养桥"模式建设的洛溪大桥正式通车

■ 1999年6月28日，广州地铁一号线正式运营，广州成为继北京、上海、天津之后内地第四个开通地铁的城市

■ 2004年8月，广州新白云国际机场正式启用，成为中国三大门户复合枢纽机场之一

■ 2010年1月投入使用的广州南站是华南地区最大、最繁忙的高铁车站

■ 国家超级计算广州中心是广州市重点建设的科技一号工程，2013—2016年运算速度称雄全球的“天河二号”即入驻于此

■ 珠江水质持续改善，图为2006年7月12日，广州举行群众性横渡珠江活动

花园式的猎德污水处理厂

花团锦簇的广州新立交

■ 广州天河临江大道绿道

■ 广州流溪河森林公园

■ 2011年，东濠综合整治一期工程完工，东濠涌成为市民休闲花园

■ 2008年，广州成功创建国家园林城市

党的建设

■ 1986年12月，中共广州市第五次代表大会上代表投票选举

■ 重视加强国有企业党组织的建设。图为广州市召开国有企业党建工作会议

■ 2005年1月，广州市保持共产党员先进性教育活动动员大会在中山纪念堂举行

■ 党员志愿者在东湖新村社区卫生站为老人提供医疗咨询

■ 2008年4月28日，广州市政务服务中心正式运营

■ 广州市天河区党员利用智慧党建系统进行学习

■ 广州基层党支部党员在农讲所旧址重温入党誓词

深圳：实践证明改革开放是正确的

1980年8月26日，第五届全国人大常委会第十五次会议通过《广东省经济特区条例》，批准设置深圳经济特区。

通过大胆地试、大胆地闯，深圳为全国深化改革提供了许多可复制推广的好经验。

1987年12月1日，深圳敲响新中国土地使用拍卖的第一槌。

1992年2月，全国人大常委会授予深圳市人民代表大会及其常委会、市政府制定地方法律和法规的权力。

20世纪90年代初，深圳进行农村城市化的改革，撤销宝安县，成立宝安、龙岗两个区，奏响了中国农村城市化的先声。

改革开放40年间，从最初只有3万多农民到如今实际管理超过2000万人，道路里程超过6000公里，地铁通车里程297公里，100米以上摩天大楼近1000栋，实现100%城市化。

自2003年确立“文化立市”战略起，深圳文化产业一直保持快速增长的态势。截至2018年，深圳市拥有文化企业近5万家，从业人员超过90万人，规模以上企业3000多家，境内外上市企业40多家，深圳全市文化创意产业实现增加值2621.77亿元，占生产总值的比重超过10%，成为经济支柱产业。

深圳牢固树立“绿水金山就是金山银山”发展理念，在保持经济持续健康发展的同时，实现了生态文明质量的提升。截至2018年底，这座面积不到2000平方公里的都市里，有近千座大大小小的公园如明珠般点缀其中，森林覆盖率达40.9%。

在党中央和广东省委坚强领导下，深圳历届市委、市政府和一代又一代特区人敢闯敢试，深圳从1979年生产总值仅1.97亿元、人均生产总值仅606元，到2018年生产总值2.42万亿元、人均生产总值近20万元，创造了世界罕见的“深圳速度”。

从一个边陲农业县到一座充满魅力、动力、活力和创新力的现代化国际化大都市，“全球超过4000个经济特区，头号成功典范莫过于深圳”，英国《经济学人》杂志如此评价。

经济建设

■ 20世纪80年代初，深圳建成了中国当时最高的建筑——国贸大厦，成为深圳城市发展中的文化记号和历史标识。三天一层楼的建设速度，亦被称为“深圳速度”

■ 1979年，蛇口第一声开山炮擂响了中国改革开放的战鼓，揭开了经济特区建设的序幕

■ 1978年的罗湖桥

■ 1985年，正在施工建设的罗湖口岸

■ 1987年12月1日，中国土地拍卖第一槌——在深圳举行全国首次土地拍卖

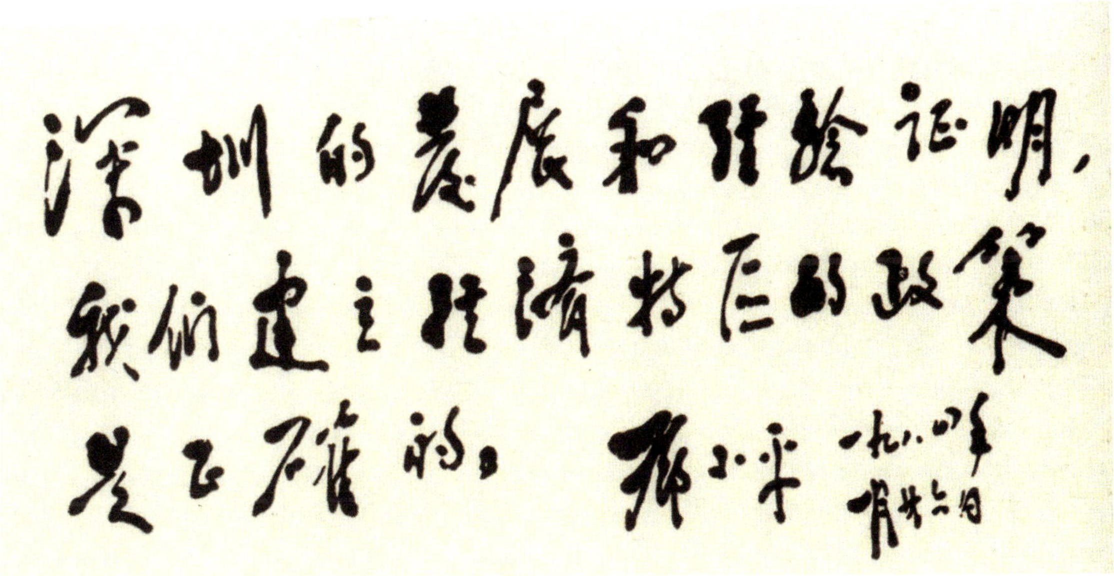

■ 邓小平为深圳经济特区题词

■ 2005年10月，第七届中国国际高新技术成果交易会在深圳举行

■ 深圳前海蛇口自贸片区

政治建设

■ 1990年12月，深圳市第一届人民代表大会第一次会议召开

■ 1990年12月，政协深圳市第一届委员会第一次会议召开

■ 2004年7月30日，深圳市知识产权局（版权局）正式挂牌成立

■ 2015年4月27日，广东自贸区组成部分之一的深圳前海蛇口自贸片区在前海举行颁证及签约仪式

■ 2016年9月27日，盐田法院举行首批员额制法官入额的宪法宣誓仪式

■ 2017年1月7日，深圳市龙华区成立揭牌仪式

■ 2017年1月7日，深圳市坪山区成立揭牌仪式

文化建设

■ 2004年3月2日，深圳市实施文化立市战略工作会议

■ 1996年3月，何香凝美术馆在深圳奠基

■ 2004年5月28日，深圳卫星电视试播成功

■ 2007年1月，深圳获得2011年世界大学生夏季运动会主办权

■ 2008年4月28日，第四届外来青工文化节开幕式暨深圳（宝安）劳务工博物馆开馆现场

■ 2008年9月1日，《春天的故事》大型图片展开幕式暨同名画册首发式在蛇口举行

社会建设

■ 2005年12月，深圳市召开全市社区建设工作现场会

■ 1997年11月，深圳市急救中心成立

■ 2004年底，罗湖区翠竹社区开展的人口与计划生育社区论坛

■ 2005年10月26日，深圳市荣获“全国文明城市”称号接牌仪式

■ 2007年3月30日，广东省创建"六好"平安和谐社区经验交流现场会在深圳市召开

■ 2007年6月10日，深圳市民间组织管理局正式挂牌运作

■ 2007年10月10日，深圳市首个社区邻里互助团体——福田区竹林社区邻里互助会成立

■ 2007年12月4日，全国民政系统社会工作人才队伍建设座谈会在深圳召开

■ 3月5日不仅是学雷锋纪念日，也是深圳义工自己的节日——深圳义工节

生态文明建设

■ 全国首家生态旅游示范区——东部华侨城

■ 美丽的深圳东部

■ 梧桐山

■ 笔架山公园

■ 2016年3月3日，盐田区在盐田会堂举行第三届环保达人评选颁奖仪式

■ 2016年6月24日，第十四届“深圳海滨日”活动

■ 2017年11月1日，全国首个人才公园在深圳开园

■ 深圳东部沿海栈道俯瞰图

深圳市坪山区马峦山下的大山陂水库绿道，环湖而建、绿树成荫，是市民游客休闲娱乐的好去处

党的建设

■ 1990年12月，中国共产党深圳市第一次代表大会会场

■ 1999年2月24日，深圳市宣传思想工作会议

■ 2000年5月13日，深圳市委宣传部领导班子和局级领导干部民主评议会

■ 2017年“党建杯”创新大赛决赛现场

■ 腾讯滨海大厦一旁，“跟党一起创业”的标语格外引人注目。最初在深圳湾创业广场打出的这则口号，如今已闻名全国。这一片创新高地，如今也是党建阵地

珠海：

高举改革旗帜 坚守特区精神

1980年 8月26日，珠海设立经济特区。作为广东省面积最小的地级市，珠海屡开风气之先。

1992年3月，珠海在国内开先河，对为特区经济建设作出突出贡献的科技人员给予汽车、住房、巨额奖金的重奖；2000年9月，中山大学珠海校区建成开学，开名牌大学与地方政府合作办学的先河，被誉为“中大—珠海模式”；2015年4月，广东自贸区横琴片区在珠海正式挂牌，开创了珠海开放新格局；2018年10月，港珠澳大桥正式通车，珠海逐步成长为坐拥机场、港口、高铁、大学的枢纽型城市。

小珠海，也是展望广东高新技术产业的大窗口。

从1996年到2018年，珠海已举行12届中国国际航空航天博览会，并将其发展成为世界五大最具国际影响力的航展之一。借助优越的地理位置优势，珠海积极参与“一带一路”建设，大力创建珠江三角洲国家自主创新示范区，推进珠江西岸先进装备制造产业带建设。

珠海充分行使较大的市立法权和经济特区立法权，统筹协调推进城乡教育、医疗卫生、社会保障等各项社会事业发展。

改革开放40年间，珠海市委、市政府率领广大党员干部群众，坚定不移地贯彻执行党的十一届三中全会以来的路线、方针和政策，坚持以经济建设为中心，不断探索中国特色社会主义道路，从昔日贫穷落后的边陲小镇，建设成为一座美丽的现代化海滨城市，并连续三年问鼎“中国最宜居城市”。

珠海发展成就充分证明：改革开放是决定当代中国命运的关键抉择，是发展中国特色社会主义、实现中华民族伟大复兴的必由之路。

当前，珠海市正以习近平新时代中国特色社会主义思想为指导，高举改革旗帜，坚守特区精神，再燃改革激情，推动思想大解放、作风大转变、效率大提升，勇立潮头，开拓进取，奋力推动新时代珠海“二次创业”。

经济建设

■ 1985年，珠海引进外资合作开发北岭工业区的珠海经济特区工业发展总公司，是珠海格力集团的前身

■ 1979年11月7日，珠海第一家“三来一补”企业——香洲毛纺厂举行建成投产仪式

■ 1979年12月2日，珠海第一家合资旅游企业——石景山旅游中心奠基

■ 1992年3月9日，珠海在国内开先河，隆重举行了科技重奖颁奖大会，对以奉献拼搏精神脚踏实地，埋头苦干，为特区经济建设作出突出贡献的科技人员给予汽车、住房、巨额奖金的重奖

■ 1996年11月，珠海举办第一届中国国际航空航天博览会

■ 1992年4月18日，珠海市高栏港隆重奠基

■ 2015年4月23日，广东自贸区横琴片区在珠海正式挂牌

■ 2018年4月24日，珠海市举行人才新政发布会上，宣布正式出台《关于实施“珠海英才计划” 加快集聚新时代创新创业人才的若干措施（试行）》，每年投入25亿元广聚天下英才

政治建设

■ 1980年8月26日，第五届全国人大常委会第十五次会议批准在珠海设置经济特区，面积6.81平方公里。图为设立之初位于水湾头的珠海经济特区管理委员会办公地点

■ 1999年12月20日，澳门回归祖国，举国欢庆。图为珠海20万人民在拱北欢送驻澳部队进驻澳门

■ 2013年3月12日，珠海市举办学习贯彻中央"八项规定"暨全市办公室主任培训班，对贯彻落实中央改进工作作风、密切联系群众"八项规定"作出部署

■ 2014年4月24日至25日，珠海市人大常委会开展市人大代表全员培训，进一步提高市人大代表综合素质和依法履职能力

■ 2014年7月16日，珠海市政府与澳门特区政府经济财政司举办珠澳合作成果展示暨横琴新区优惠政策宣讲会，与澳门企业家面对面交流

■ 2015年10月28日，珠海市政协组织委员开展国际宜居城市建设专题督查

■ 港珠澳大桥珠海公路口岸

文化建设

■ 1982年秋季，珠海渔女雕像在风景秀丽的香炉湾畔正式落成

■ 1999年11月，珠海国际赛车场主办国际汽车联盟GT锦标赛

■ 2010年2月28日，珠海市举办第四届民间艺术大巡游。图为有700年历史的三灶鹤舞表演

■ 2012年2月6日，珠海市斗门区醒狮艺人表演醒狮技艺迎新年，斗门民间醒狮活动最早出现在明朝中叶，至今已有400多年的历史，成为一门传统艺术活跃在民间

■ 2013年5月1日，珠海市斗门区斗门镇南门村举办的皇族祭礼吸引了大批游客

■ 2016年10月18—23日，2016年全国帆船锦标赛在珠海九洲湾—香炉湾海面举行

■ 2014年8月2日，珠海举办国际情侣双人自行车赛，来自全球24个国家和地区的199对中外情侣参加比赛

■ 2015年11月1日，第二届中国国际马戏节在珠海横琴长隆国际海洋度假区横琴岛剧院开幕

■ 2016年11月2日，WTA超级精英赛在珠海举办，超过200个国家和地区转播报道赛事

2017年元旦，以“珠生于贝，贝生于海”理念建造的珠海市大剧院正式投入使用，成为珠海一道亮丽的风景线

社会建设

1995年5月30日，位于三灶的珠海机场建成通航

■ 2000年9月，中山大学珠海校区建成开学

■ 2010年3月6日，珠海市首届志愿文化月开幕式在珠海市香洲区志愿者活动中心举行

■ 2013年11月5日，澳门大学珠海横琴校区正式启用，新校区的建成体现了“一国两制”的优越性

■ 2014年1月18日，珠海横琴海洋王国正式开始营业

■ 2014年11月3日，珠海市规模最大的互通立交桥——金湾互通立交全线通车

■ 2017年，珠海保障房覆盖率达到24.2%，政府实物配租各类保障家庭人均居住面积达到18平方米。图为大镜山馨园公租房小区

■ 2018年1月22日，珠海公交银联移动支付项目正式发布上线，标志着珠海市公共交通进入了移动支付的全新时代

生态文明建设

■ 1997年9月5日，国家正式授予珠海“国家环境保护模范城市”称号

■ 1998年，联合国人居中心授予珠海市“国际改善居住环境最佳范例奖”

■ 2016年1月29日，国家住建部公布全国7个生态园林城市名单，珠海市是广东省唯一入选城市。图为兰埔新景

■ 珠海市横琴岛脑背山21台百吨重的大风车总装机容量达到1.6万千瓦，每年发电量可达2700多万千瓦时

■ 风光旖旎的珠海斗门区灯笼沙水乡

■ 珠海市淇澳岛红树林湿地保护区是珠江三角洲不可多得的一片红树林湿地，也是全国少有的紧靠大城市的红树林区之一

■ 珠海是珠江三角洲地区海洋面积最大、岛屿最多、海岸线最长的城市，素有“百岛之市”之称。图为美丽的东澳岛

党的建设

■ 2011年7月1日，珠海醋酸纤维有限公司党委被荣获“全国先进基层党组织”

■ 2012年3月1日，珠海市召开全市组织工作会议，向全省“两新”百强党组织颁发奖牌

■ 2012年5月17日，珠海市举办“创文有我　机关先行”活动，珠海市市直机关党员上街道入社区开展志愿服务活动

■ 2016年6月7日，由市纪委主办的珠海市第二届“廉洁火炬杯”党规党纪知识竞赛决赛在珠海电视台举行

■ 2016年6月20日，珠海市金湾区社会创新谷·三灶社会服务中心揭幕，标志着国内首家集社会治理创新、公益资源交易、社会组织培育、社会创新党建功能于一体的社会创新综合体正式启动运营

■ 2016年7月2日，珠海市斗门区举办深入开展“两学一做”学习教育活动

■ 2017年8月23—27日，50年一遇强台风“天鸽”和12级台风“帕卡”对珠海形成叠加重创，全市党员干部群众和驻珠部队众志成城开展灾后复产重建工作，在台风过后4天之内恢复通电通水通路通信

■ 2017年9月26日，2017年珠海市“党建引领　创新驱动”科技大赛圆满落幕

佛山：

敢为人先　五虎生威

佛山是国家历史文化名城，也是一座现代化城市。

改革开放之初，顺德、南海与东莞、中山并称广东“四小虎”，“顺德模式”“南海模式”扬名全国。工业立市，也成了佛山长期坚持的发展之路。

20世纪80年代，佛山开创出以海外市场为导向，国内市场为依托，集体经济为主体，一、二、三产业齐发展，“五个轮子”（镇、村、社、体、户）一齐转的发展模式。

1980年6月17日，南海县委、县政府在西樵山顶天湖举办锦龙盛会，邀请港澳同胞和海外侨胞回乡参观，揭开华人华侨、港澳同胞投资南海的序幕。

20世纪90年代，顺德向省委、省政府主动请缨，通过“靓女先嫁”的产权制度改革，在全国率先构建起社会主义市场经济框架，催生出美的、科龙、万和等日后闻名海内外的企业巨头，为中国民营经济的发展闯出一条新路。

以乡镇企业为发展主角的“顺德模式”在2017年结出硕果，顺德北滘一个镇就拥有两家世界500强企业——碧桂园集团、美的集团。

2009年，顺德区作为省大部制改革的试点，采取党政群联动的方式进行有机整合；南海区狮山镇、顺德区容桂街道开展“简政强镇”事权改革试点。

2016年3月，以禅城区的改革为基础的佛山“一门式、一网式”改革，被广东省作为政府服务改革的标准和蓝本。自2009年启动的广佛同城化，更是国内区域一体化合作的典范和先驱。

作为广东省的教育强市，佛山还荣获了全国文明城市、全国体育先进市、全国双拥模范城市、国家卫生城市、国家园林城市、全国森林城市、优秀旅游城市等称号。

改革开放40年来，佛山坚持立足实际，科学判断形势，在不同发展阶段都提出针对性、实操性很强的发展战略和工作思路，引领全市经济持续稳定向前发展，努力把佛山建设成为现代化制造业基地、创新型城市、制造业一线城市。

当前，佛山市委努力把各级党组织锻造成为带领全市人民建设社会主义新佛山的指挥部、战斗队，形成了南海、顺德、禅城、三水、高明“五虎生威”的新局面，地区生产总值近万亿元，位列全省经济社会发展第一梯队。

经济建设

■ 20世纪80年代中期，以“镇办企业”为特征的“顺德模式”风靡全国，曾经闻名全国的神州牌热水器生产商神州燃具厂就是从这间低矮陈旧的厂房起步的

■ 1978年6月23日与港商签订协议、8月1日建成投产的"三来一补"企业——顺德县容奇大进制衣厂是中国最早的"三来一补"企业之一

■ 1979年1月17日，南海县小塘公社南沙大队向南生产队大张旗鼓地进行年终分配，人均1106元。1981年2月5日的《人民日报》详细报道了此事

■ 处于三江汇流带的三水区，吸引了众多中国与世界500强企业前来投资办厂，已由20世纪80年代初的农业县转变为21世纪名副其实的现代工业之区。图为世界500强企业美国百威啤酒于2008年在三水工业园投资建成的厂房

■ 佛山市禅城区季华路周边高楼林立，地标建筑高度不断突破，已成为禅城区核心商圈

■ 通过加快建设岭南天地三期工程，改造提升梁园周边环境，顺利推进仁寿寺改造，完成汾江河“一河两岸”景观提升工程，“大祖庙商圈”逐渐形成。图为佛山市中心的祖庙商圈

■ 在佛山市区成长壮大的海天味业，源于清乾隆年间的佛山酱园，至今已有300年历史，是全球最大的专业调味品生产和营销企业，也是佛山市第三家销售收入超千亿元的中国500强上市公司。图为海天味业在佛山市高明区的生产基地

■ 2010年3月12日，中国科学院和佛山市政府科技合作座谈会在北京举行，共同探索产学研合作的“佛山模式”

■ 2015年12月8日，佛山市推进“中国制造2025”联盟首批发起单位代表共同为佛山推进“中国制造2025”联盟揭牌

政治建设

■ 图为1983年挂牌办公的佛山市委、市政府所在地

■ 1982年3月19—21日，顺德县委、县政府召开农村劳动致富经验交流会，大张旗鼓地鼓励农民勤劳致富，强调勤劳致富光荣

■ 1992年4月29日、9月12日，1993年4月22日，1994年4月25日，佛山市政府先后发出通知，撤销顺德、南海、三水、高明县，设立顺德、南海、三水、高明市，均为县级市，由省政府直辖，佛山市政府代管。图为三水举行市委挂牌仪式

■ 2009年佛山市推进市辖区政府机构改革。顺德区作为省大部制改革的试点，采取党政群联动的方式进行有机整合。图为顺德区9月16日召开动员大会，统一干群思想，凝聚改革共识

■ 2009年在佛山市南海区狮山镇、顺德区容桂街道开展“简政强镇”事权改革试点，在某些方面赋予县级经济社会管理权限。图为顺德区容桂街道11月9日召开的“简政强镇”事权改革试点工作动员大会

■ 2012年9月28日，在佛山市政府行政服务中心举办的佛山市企业注册登记改革启动仪式上，市工商局采用新办法核发了第一张营业执照

■ 2016年3月，以禅城区的改革为基础的佛山“一门式、一网式”改革，被广东省作为“一门式、一网式”政府服务改革的标准和蓝本，在全省推广实施

文化建设

■ 1985年12月26日，三水县第一所由华侨、港澳同胞捐资兴建的中学——三水华侨中学建成

■ 佛山市首座体育馆于1985年8月在市区卫国路建成。该馆可承接国内外高水平体育竞赛和高档次文艺演出

■ 1993年1月8日，佛山图书馆工程落成庆典，该馆位于市中心，与闻名中外的佛山市文化地标——祖庙相邻

■ 岭南明珠体育馆位于广东省佛山市禅城区季华五路，于2004年4月动工，2006年6月建成，是2006年广东省第十二届省运会的核心场馆之一

■ 2015年12月28日建成投入使用的高明区西江新城文化中心。这是佛山市政府落实《佛山市文化升级两年行动计划（2015—2016年）》，构建“城乡十分钟文化圈”的一项重要成果

一年一度的元宵万人行通济

社会建设

■ 1987年6月2日，位于南海县西樵镇的亚洲地区第一座斜拉索大桥——西樵大桥建成通车。图为大桥建成日举行庆典活动

■ 广佛高速公路1986年兴建，1989年8月1日建成通车，东起于广州市郊横沙，西止于佛山谢边，全长15.7公里，设计时速120公里，是中国最早的高速公路之一

■ 自1992年底佛山市首次荣获全国“双拥模范城”起，至2016年8月，已连续第八次获此荣誉。图为2016年7月佛山第八次荣获全国“双拥模范城”称号

■ 1996年2月5日，佛山市建成国内最早、最先进的接处警指挥调度系统——佛山市公安局指挥中心110

■ 广佛同城化自2009年启动后，已成为国内区域一体化合作的典范和先驱。图为2010年11月3日，广佛地铁首通段开通典礼在南海区千灯湖站举行

■ 2005年9月12日，广东省政府授予佛山市“广东省教育强市”称号，佛山成为继深圳之后第二个广东省教育强市

■ 佛山西站高铁站是广州铁路客运枢纽“四主一辅”中的主站之一，2017年8月18日开通运营

生态文明建设

■ 2012年佛山市启动城市升级三年行动计划及两年延伸计划，顺德新城积极推进“绿城飞花”主题绿化景观建设，使全城融入绿色海洋中。图为改造后水清地绿天蓝的顺德新城

■ 汾江河全长25.5公里，流经禅城、南海两区，流域面积约260平方公里，生产总值产出超千亿元，是佛山人心中的母亲河。2009年5月30日，阔别了26年的龙舟赛再现汾江河，吸引了12支队伍参赛。图为龙舟赛现场

■ 三水森林公园地处佛山市三水区西南镇北郊，总面积12万多亩，1995年被评为广东省市级风景名胜区，2001年改造成国家AAAA级旅游景区，被誉为“珠三角魅力绿洲”

■ 亚洲艺术公园有“都市中的地中海”之称，占地40公顷，其中水体面积26.6公顷，设计理念突出岭南文化特色，同时通过建筑、雕塑、植物、桥梁等设计要素，营造出一个具有亚洲艺术风采的艺术园地。公园里的“禅荷·花岛”成为禅城乃至佛山市的热门景点

■ 位于佛山市南海区西樵山旁的听音湖片区，自2012年全面进入基础配套设施建设后，从昔日低矮的厂房摇身一变，成为佛山十大最美公园之一

■ 位于高明区的云勇森林公园是目前佛山市属唯一的国有林场，是佛山市最大、森林生态系统最完整的城市绿肺，也是佛山乃至珠江三角洲名副其实的“绿色瑰宝”，2017年获“中国最美林场”荣誉

■ 占地1000亩、投资1.4亿元兴建的位于三水区西南镇的荷花世界自2000年7月开业起，游客络绎不绝，是目前世界上规模最大、品种资源最丰富的荷花主题公园

党的建设

■ 自1987年起，佛山市坚持每年举办副处级以上领导干部纪律教育学习班。图为2016年7月20日召开的全市副处级以上领导干部纪律教育学习班

■ 自2000年起，佛山市委、市政府推进政府集中招标采购制度，实行政府采购管理与执行相分离，加强对政府采购的监督管理，打造阳光采购、廉洁高效的公共服务平台。图为市纪委干部在市政府与采购商的招投标会场就标书上的问题提出质疑，履行职责

■ 2004年，佛山市各级党组织采取中心组学习会、专题辅导课、知识竞赛等多种形式，组织党员干部学习党内监督条例和纪律处分条例。图为2004年11月23日佛山市执政能力建设与加强监督“大家谈”座谈会会场

■ 2006年6月30日，禅城区南庄镇罗南村党委被中共中央组织部授予“全国先进基层党组织”称号

■ 2016年7月，顺德高新区党委被省委授予“先进基层党组织”称号。图为2017年11月10日，顺德高新区党工委召开学习贯彻党的十九大精神专题会

■ 截至2018年，在南海区桂城，已建立200多支党员志愿服务队，拥有8000多名党员志愿者、109项志愿服务项目，服务群众70多万人次

惠州：发展道路越来越宽

党的十一届三中全会召开后，地处粤东沿海地区的惠州，利用毗邻香港、华侨众多的区位优势，解放思想，抓住机遇，主动开展对外经济往来，实现了由农业经济大市到工业新兴城市的跨越。

1988年经国务院批准，惠州正式成为地级市，进一步推进改革开放。惠州逐步构建起四通八达的铁路、公路、港口、航空网络，相继获得了“中国优秀旅游城市”“国家卫生城市”“国家园林城市”“国家环境保护模范城市”“中国人居环境范例奖”等荣誉。

近年来，惠州大力发展社会事业，不断推进“文化惠州”建设，擦亮“全国历史文化名城”招牌，社会保障水平稳步提高，“科学发展、惠民之州”的名片不断擦亮。惠州城乡居民人均收入保持两位数增长，入选全国首批“民生改善典范市”，实现从“现代石化数码产业名城”到“科学发展的惠民之州”再到“绿色化现代山水城市”的转变。

聚魂筑根，固本强基。惠州党员队伍整体素质不断提高、模范作用充分发挥，党的组织锻造得更加坚强有力，先后在全国全省率先进行党代表大会常任制、深入学习实践科学发展观试点，创造了农村党员联系村务责任制、“四民主工作法”、“两新组织党员责任岗”、“法制副主任”等一批叫得响的党建品牌，为经济社会发展提供了坚强的政治和组织保证。

在40年波澜壮阔的发展历程中，惠州发展道路越来越宽。1978年到2018年间，惠州生产总值由6.8亿元增至4150亿元，增加500多倍，实现了由落后地区到华南地区发展最快、最具发展潜力城市之一的跨越，书写了一个又一个改革发展的奇迹。

经济建设

改革开放初期，惠州农村实行家庭联产承包责任制，拉开了农村改革的序幕，解决了贫困地区长期以来难以解决的温饱问题。图为农民在责任田施肥

■ 1980年，惠阳地区机械局组建惠阳地区电子公司（TCL集团股份有限公司前身），后与港商一起创办全国最早12家合资企业之一的TTK家庭电器有限公司

■ 惠州在全国首创的国有资产“授权经营、增值奖股”改革经验在全省推广。图为TCL液晶产业园

■ 1991年1月27日，惠州大亚湾芝麻洲油气码头填海造陆大爆破成功，打响了石化城建设的第一炮

■ 1992年11月，国务院批准成立惠州仲恺高新技术产业开发区，是全国首批56家国家级高新技术产业开发区之一。图为1993年3月该开发区正式挂牌

■ 2001年4月16日，中国惠州首届国际数码节在市区花边岭广场举行，这是中国首个以“数码”命名、面向国际的信息产业盛会

■ 惠州大力发展“三高”农业，不断增加农民收入。图为博罗县石湾镇万亩韭黄种植基地

■ 大项目带动大发展，石油化工、电子信息两大体系已成为惠州支柱产业。图为建成后的惠州大亚湾石化区

政治建设

外面世界很精彩

——惠州市六百机关干部"下海"纪实（下）

政治·法律·社会

惠州市直机关推进行政改革

6年来抽调机关干部449名下基层办实业

狠抓落实　力戒空谈

潇洒"游"一回

——惠州市六百机关干部下海纪实

■ 1984年，在改革开放中，惠州以"办实业，打基础"为突破口，对市直机关推进行政改革，先后抽调机关干部449名下基层办实业

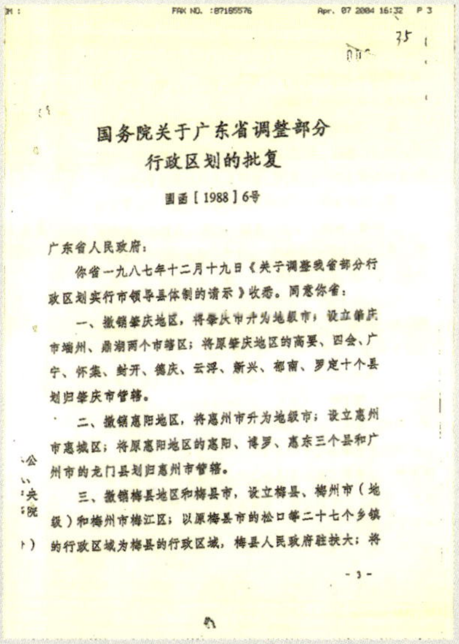

FAX NO. :87165576　Apr. 07 2004 16:32　P 3

国务院关于广东省调整部分行政区划的批复

国函〔1988〕6号

广东省人民政府：

你省一九八七年十二月十九日《关于调整我省部分行政区划实行市领导县体制的请示》收悉。同意你省：

一、撤销肇庆地区，将肇庆市升为地级市；设立肇庆市端州、鼎湖两个市辖区；将原肇庆地区的高要、四会、广宁、怀集、封开、德庆、云浮、新兴、郁南、罗定十个县划归肇庆市管辖。

二、撤销惠阳地区，将惠州市升为地级市；设立惠州市惠城区；将原惠阳地区的惠阳、博罗、惠东三个县和广州市的龙门县划归惠州市管辖。

三、撤销梅县地区和梅县市，设立梅县、梅州市（地级）和梅州市梅江区；以原梅县市的松口等二十七个乡镇的行政区域为梅县的行政区域，梅县人民政府驻扶大；将

- 3 -

■ 1988年1月7日，国务院对广东省地改市的批复，同意撤销惠阳地区、将惠州升为地级市

■ 2004年，惠州在全省率先实行公车改革。图为惠州公务车辆拍卖会现场

■ 2005年龙门县永汉镇马星村开展“四民工作法”试点工作。2009年底，“四民工作法”在全省推广。图为龙门县龙潭镇土湖村“四民工作法”表决会议

■ 从2009年起，惠州探索和推行村（居）委聘任法制副主任制度，推动法治惠民和基层民主法治建设

■ 2010年2月5日，惠州市行政服务中心挂牌运行。该中心有市境内55个单位共160名工作人员进驻，为群众提供包括受理、咨询、审批、收费、投诉等在内的“一站式”服务

■ 1993年9月，惠阳师范专科学校改名为“惠州大学”，2000年3月，“惠州大学”升格为本科院校，更名为“惠州学院”。学校办学20多年，向社会输送了10万余毕业生，是东江流域高级人才的摇篮

■ 惠州的文化设施不断完善，2008年4月投资7.6亿元建成了惠州市文化艺术中心、科技馆、博物馆。图为惠州科技馆

■ 2008年，惠州成为北京奥运火炬传递“广东站”的4个传递城市之一。图为5月9日北京奥运会惠州火炬传递活动

■ 2008年12月28日，中央文明委公示第二批全国文明城市，惠州以地级市第一名的成绩，成功摘取“全国文明城市”金牌

■ 2009年2月9日，惠州市委、市政府在市体育馆举行荣获“全国文明城市”称号庆典活动

■ 2010年，广东省第十三届运动会在惠州举行。图为省运会在惠州奥林匹克体育场的开幕式表演盛况

■ 2015年12月1日，惠州“国家历史文化名城”揭牌

社会建设

1992年广梅汕铁路常惠段建成通车，改写了惠州没有铁路的历史

■ 2009年5月8日，（东）莞惠（州）城际轨道举行开工仪式

■ 惠州积极探索基层依法治理新机制，从2009年起，率先在全省推行村（居）委聘请律师担任法制副主任制度，他们定期走村入户，到驻点村（居）提供法律服务。图为市民向法律顾问咨询法律问题

■ 2010年7月8日，惠州入选“2010年中国十佳最具幸福城市”。图为惠州市民在东江沙公园晨练

■ 2012年1月10日，广河高速惠州段建成通车

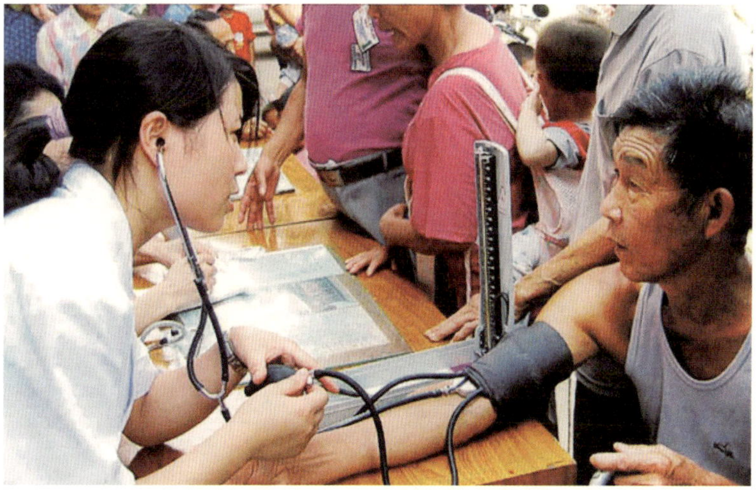

■ 2012年4月，惠州在全省率先开展基本公共服务均等化综合改革，实现城乡、区域和不同群体间的基本公共服务均等化。图为市民在享受免费公共卫生医疗服务

■ 2013年12月28日，厦深铁路正式通车，惠州进入高铁时代

■ 惠州机场于1953年建成，为军用机场，1985年开通民航服务，曾是珠三角东部重要空港。2015年2月5日，惠州机场复航，成为惠州立体交通的重要组成部分

■ 惠州市委、市政府重视革命老区建设，将老区的发展纳入全市全面建成小康社会一同推进。2017年11月11日，高潭以崭新的面貌迎来了高潭区苏维埃政府成立90周年。图为新修的高潭镇柏油公路

生态文明建设

■ 1996年，惠州实施“整治七大出口、两江四岸”，全面优化城市生态环境。图为滨江公园西枝江边的新貌

■ 绿水青山就是金山银山，1999年至2002年，惠州开展创建“四块金牌”活动，先后荣获“中国优秀旅游城市”“国家卫生城市”“国家环境保护模范城市”“国家园林城市”称号。图为位于惠州市区的西湖

■ 2013年，惠州制定实施河涌整治五年规划，扎实推进14条市区河涌、79条县镇级河涌和村级污水整治工作，“两河”流域整治取得明显成效，东江干流惠州段水质常年保持地表Ⅱ类以上标准。图为整治后的惠州金山湖公园

■ 惠州实施生态景观林带、“森林进城、公园下乡”等林业生态工程，2014年成功创建国家森林城市，空气质量优良率稳居全国74个重点监测城市前十位。图为龙门南昆山国家级自然保护区九叠山

■ 惠州罗浮山风景区是国家AAAAA级旅游景区，也是休闲度假、养生健体的胜地

■ 惠州市海洋生态环境不断完善，海洋环境保护工作走在全省前列，近岸海水水质连续多年全省最优，获评国家级海洋生态文明建设示范区。图为惠州市惠东县双月湾

■ 博罗县松树岗村——广东省首批14个省级新农村示范片之一

■ 截至2014年，惠州已建成省立绿道惠州段305公里。图为市民在红花湖绿道骑行

党的建设

■ 惠州市在开展“三个代表”重要思想学习教育活动中，重点解决农村住房难、上学难、行路难、看病难、饮水难、灌溉难、看电视难、打官司难等存在的突出问题。图为惠东县宝口梅坑大桥竣工场景

■ 2002年惠州市农村党员联系村务工作责任制全省推广。图为全省党员联系村务现场会在小金口召开

■ 惠州市“两新”组织积极开展党员先锋模范活动。图为金通巴士运输有限公司党支部设立的出租车“党员示范岗”

■ 2003年，惠州市第八次党代会通过了党代表大会常任制试行的决议，党代表大会实行年会制和党代表实行任期制，惠州成为全省唯一开展党代表大会常任制工作试点的地级市。图为惠州市组织党代表集体视察大岚河河道整治情况

■ 惠州广大党员发挥先锋模范作用。图为2005年博罗县“万名党员惠民行”农业科技下乡救灾复产活动启动仪式

■ 2017年11月11日，由中央党史研究室宣传教育局、广东省委党史研究室与惠州市委市政府举办的高潭区苏维埃政府成立90周年纪念座谈会隆重举行

东莞：

打造国际制造名城

1978年9月，东莞在中国内地率先创办“三来一补”企业——东莞县太平手袋厂，由此东莞大力发展对外加工贸易，走出了一条独具特色的外向型经济发展道路，创造了闻名全国的“东莞模式”。

1984年，东莞在完成全面推行农村家庭联产承包责任制后，提出“向农村工业化进军”的发展战略，走出了一条由农村工业化推动城乡一体化的城市化道路。

进入新世纪，东莞继续深化改革，扩大开放，大力引进外商投资，逐步扩大劳动就业，建立加工贸易基地，培育出口产业集群，着力推进产业结构转型升级，开展商事改革，逐渐走出一条外向型经济、园区经济、民营经济交相呼应的高质量发展路子。“东莞塞车，全球缺货”是东莞制造实力的生动注脚。

通过深入开展党的主题教育，加强“两新”组织党建，东莞充分发挥各级党组织的领导核心、战斗堡垒作用和党员的先锋模范作用。特别是党的十八大以后，东莞坚定不移全面从严治党，以习近平新时代中国特色社会主义思想指导推进党的建设新的伟大工程，把政治建设摆在首位，加强基层党组织建设，持之以恒正风肃纪反腐，形成一支敢于担当、勇于创新、干事创业的高素质专业化干部队伍。

40年间，东莞生产总值从1978年的6.11亿元增长到2018年的8300亿元，以只占全国0.03%的国土面积，创造了全国近1%的生产总值，综合经济实力位居全省前列。

改革开放40年，东莞人民在中国特色社会主义理论指引下，解放思想，敢为人先，敢闯敢试，抢抓历史机遇，以“杀出一条血路”的勇气和魄力，把东莞从一个传统农业县建设成为国际制造名城，创造出举世瞩目的“东莞奇迹”，是“中国改革开放不容错过的一个精彩而生动的缩影”。

经济建设

■ 2001年5月，东莞市委工作会议提出以建设国际制造名城为特色的战略目标，把城市建设提到“纲”的位置上，掀起新一轮城市建设高潮，城市基础设施得到全面升级。图为魅力新城崛起——中心广场

■ 1978年9月，中国内地最早的“三来一补”企业之一——东莞县太平手袋厂

■ 改革开放后，东莞利用自身的优势，大力发展外向型工业，外源型经济成为东莞经济的重要支撑

■ 1999年至2011年，东莞每年都举行的“东莞电博会”，成为继美国拉斯维加斯的秋季电脑展、德国汉诺威电脑电信博览会以及中国台北国际电脑展之后全球第四大电脑行业产品展览会

■ 松山湖高新技术产业开发区经过10多年的开发建设，成为东莞市创新驱动发展的集聚区、生力军和加速器

■ 虎门港口岸于2003年8月通过国家验收，9月28日正式对外开放。虎门港的快速发展，标志着东莞西部沿海产业带建设掀起了新高潮

■ 2016年4月14日，X8426次中欧铁路集装箱班列首次驶出位于东莞石龙的广东铁路国际物流基地。这条目前国内运距最长的中欧班列仅需19天就能将广东货物运抵德国，较海上运输方式节约15天以上

■ “三重”项目之一的中国最大科学装置中国散裂中子源，落户东莞市大朗镇，依托散裂中子源项目，东莞已引进了一大批高端创新资源，将为中国推动原始创新、开发前沿科技提供强大科研支撑

政治建设

■ 东莞法治建设宣传标语

■ 东莞撤县设市庆祝大会。1985年东莞撤县建市，结束了东莞1000多年县级建制的历史，加速了东莞工业化、城市化进程

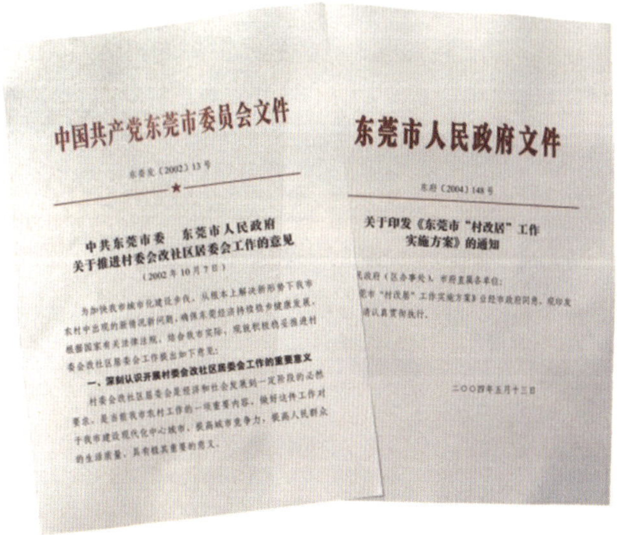

■ 东莞市委、市政府先后印发“村改居”工作意见和实施方案，实施农村管理体制重大改革

■ 2015年8月10日，东莞市立法工作第一次会议召开

■ 2017年7月19日，市人大常委会召开市人大代表重点建议督办会

■ 2018年3月20日，市人大开展东莞市出租屋治安与消防安全管理条例立法调研

■ 东莞市政协2017年重点提案办理座谈会召开

■ 东莞老城焕发新生机——西城楼

文化建设

■ 玉兰大剧院夜景

■ 东莞市道德模范评选活动从2007年启动，两年一届

■ 东莞图书馆内景

■ 音乐剧《蝶》于2007年7月在东莞“破茧”后，先后在北京、上海、深圳、武汉、哈尔滨、香港和韩国的首尔、蔚山等城市演出，获得好评

■ 莞城“文化周末”

■ 东莞从2009年创建全国文明城市起，始终坚持创建为民、改善民生，始终坚持各方联动、共建共享，成功获得全国文明城市“四连冠”

■ 东莞篮球中心是国内CBA第一馆，该中心以篮球活动为主，兼顾网球、羽毛球、体操、武术、举重等赛事以及演唱会场之用，可满足国际国内顶级篮球比赛和NBA比赛要求，大大提升东莞的体育水平和城市形象

■ 东莞素质教育全面提升，教育水平稳步提高

■ 2006年6月，东莞理工学院培养的第一批本科生完成学业，获得学士学位，结束了东莞无法自主培养本科层次人才的历史

社会建设

■ 1984年1月27日，由社会集资兴建的高坊大桥建成通车，成为全国第一座“集资建桥，过桥收费”的地方公路桥梁，在全国开运用市场经济手段进行基础设施建设的先河

■ 1987年，东莞建成全国第一个城乡一体化数字程控电话交换网

■ 进入21世纪，东莞构筑起覆盖全市的水电气路港等高标准基础设施。图为电力变电站

■ 2000年9月28日，东莞市自行投资、建设的第一条高速公路——（东）莞深（圳）高速公路竣工通车。这是全国首条由地级市自筹资金、自行规划、自行建设的高速公路，全长41公里，总投资17.4亿元

■ 东莞交通设施发达，公路密度居全国前列。图为东莞大道

■ 东莞新门户——东莞站开通，方便市民通行

■ 塘厦镇诸佛岭农民公寓

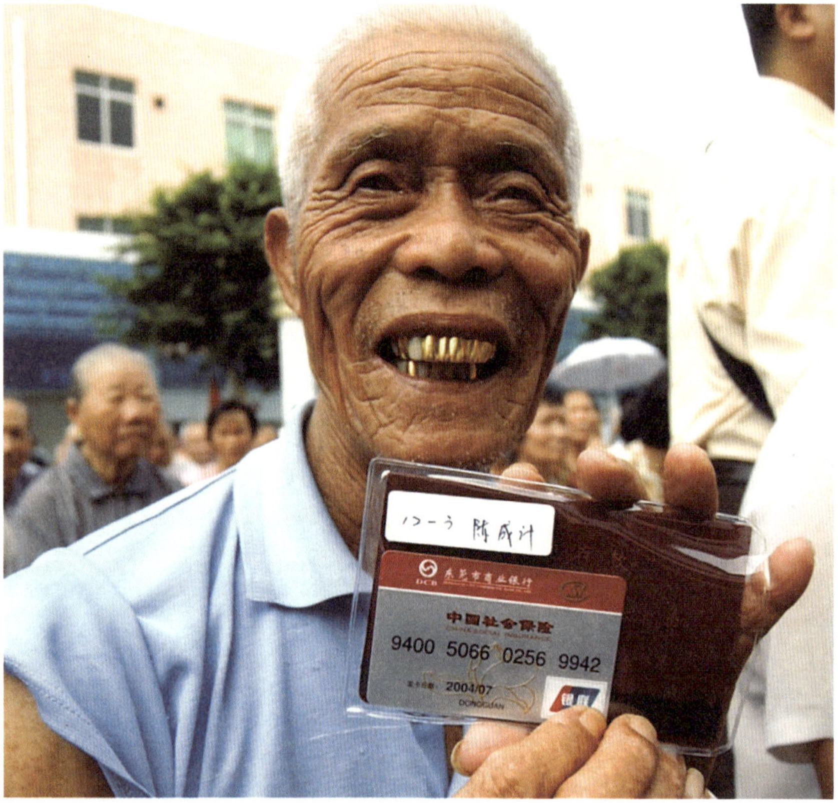

■ 2006年7月1日起，东莞社会保障制度实现由城镇向城乡一体化、覆盖全社会转变的重大突破

■ 东莞车展

■ 东莞地铁开通，改变市民的出行方式

生态文明建设

1997年5月，凤岗雁田污水处理厂正式投入使用，是全国首家村级污水处理厂

■ 水濂山森林公园

■ 同沙生态公园

■ 华阳湖湿地公园

党的建设

■ 2018年1月，中共东莞市第十四届委员会第五次全体会议召开

■ 东莞市深入开展创先争优活动，在非公企业组织党组织中开展“星级党组织”和“党员之星”评比，在社会组织中开展“六型”党组织创建活动，涌现出一大批先进党组织和优秀党员

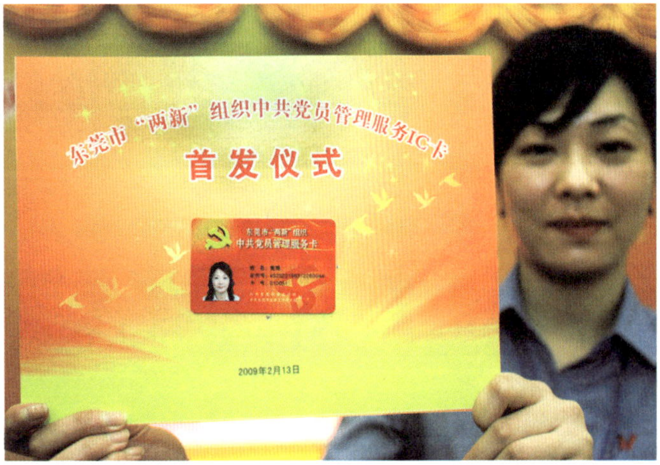

■ 东莞市“两新”组织中共党员管理服务IC卡，实现了党员管理的信息化、智能化和服务的人性化、社会化

■ 2011年，“东莞党代表工作室构建模式”被评为全省组织工作十大品牌

■ 2012年以来，东莞首先以国家高新科技园区松山湖为试点，探索构建“东莞园区服务型党组织模式”——“阳光雨”党员服务中心（后改为“阳光雨”党群服务中心）

Sheraton

中山：

迈入新时代　筑梦新征程

改革开放后，中山从一个农业县起步，迅速找准适合自身发展的道路，短短几年间就跃居广东“四小虎”之一，涌现出38个国家级产业基地和18个省级专业镇，4个镇区入选“2018全国综合实力千强镇”前百强。

改革开放40年，中山市先后建成装备制造、电子信息、家用电器3个千亿级产业集群，以及古镇灯饰、小榄五金、东凤小家电、大涌红木家具、港口游戏游艺设备等18个产业特色鲜明的专业镇。2018年，中山生产总值达3632.7亿元，人均生产总值超过10万元，位居珠江三角洲前列。

40年间，中山加大力度构建和谐社会，荣获“全国文明城市”“中国社会治安综合治理优秀地市”“长安杯”“国家卫生城市”“联合国人居奖”“国家环境保护模范城市”“全国首个地级生态市”等一系列荣誉。

近年来，中山建成翠亨新区翠湖、古镇中心滨河等4个湿地公园和3个组团体育公园，金字山公园、儿童公园、古香林公园等特色公园次第兴建。全市“广东省森林小镇”数量居全省第一，2018年10月，中山荣获“国家森林城市”称号。

立体化的交通网络让中山以崭新姿态张开双臂，热情拥抱粤港澳大湾区，加快建成高质量发展示范区。随着港珠澳大桥建成和深中通道加快建设，中山在粤港澳大湾区几何中心的区位优势更加凸显。

当前，中山主动对标国内国际先进城市，加快推进组团式发展战略，奋力建设成为珠江东西两岸融合发展的支撑点、沿海经济带的枢纽城市、粤港澳大湾区的重要一极。

经济建设

■ 1980年，中山温泉宾馆建成。这是中国第一个建成开业的中外合作宾馆

■ 1989年，中山市张家边区西桠村农民朱灿标获国务院授予“全国劳动模范”称号。朱灿标一家从1984年底起承包98亩贫瘠稻田，科学耕作获高产，几年间向国家交售稻谷225吨

■ 20世纪90年代，中山市加大力度招商引资发展电子产业。图为1999年中山电子产品展览中宏碁电脑公司的笔记本电脑展示

■ 2016年8月26日，国家口岸办正式批复中山港港区和神湾港区扩大开放通过验收。图为神湾港全貌

■ 2017中山招商引资·招才引智洽谈会暨第四届“中山人才节”现场

■ 2017年6月28日，中山市18个市级特色小镇中的5个特色小镇率先动工。图为火炬开发区智慧健康小镇

■ 中山市骨干工作母机企业——明阳风电的制造车间

■ 2017年6月，中山市南头镇全面启动“中国品牌家电特色小镇”建设

■ 2017年12月27日，珠中江阳区域紧密合作第十二次党政联席会议暨“大湾区大交通”论坛在中山召开

政治建设

■ 1988年1月，中山升格为地级市。图为中山市委挂牌仪式

■ 1996年6月17日，中山市政协增补优秀外来工古文平为工会界别的政协委员，在全国首创外来务工人员任政协委员

■ 2016年9月9日，“中山公安交警”官方微博首次开展现场执法微博视频直播活动

■ 2017年1月13日，中山市十五届人大一次会议闭幕后，大会主席团组织新当选的中山市国家机关工作人员集体向宪法宣誓

■ 2017年5月8日，中山市港口镇民主社区居民委员会换届选举现场

■ 2017年10月16日，由中山市人民政府办公室主办的中山市政府门户网站微信公众号正式上线

■ 2017年11月26日，中山市横栏镇举办首届“不忘初心，牢记使命”西江健步跑（走）活动，共有3000多人参加

■ 咸水歌唱响党的十九大精神

文化建设

■ 1983年7月，国内最早建成的具有现代化游乐设施的大型娱乐场所——中山长江乐园正式开门营业

■ 1991年11月9日，中山市中山图书馆新馆落成庆典

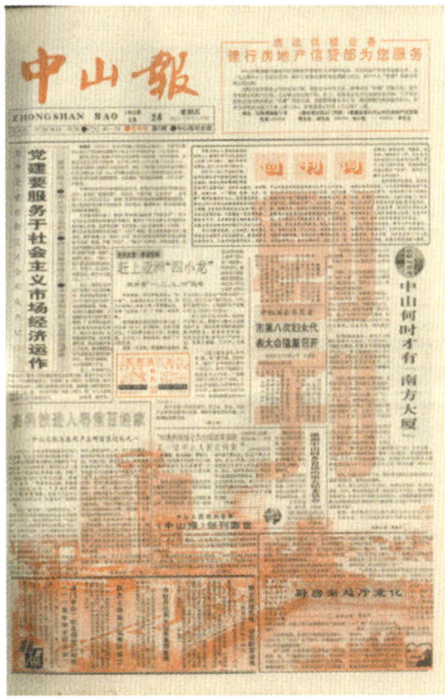
中山報

ZHONGSHAN BAO

建行房地产信贷部为您服务

党建要服务于社会主义市场经济运作

赶上亚洲"四小龙"

市第八次妇女代表大会隆重召开

中山何时才有南方大厦

■ 1992年8月28日，《中山报》创刊

■ 2007年，有着悠久历史的中山市黄圃镇横档村麒麟舞，被列入广东省级非物质文化遗产名录。图为一名小孩在老人的指导下学习麒麟舞

■ 2016年7月22日，第七届中国少年儿童合唱节在中山市文化艺术中心开幕

■ 中山是国家历史文化名城。以醉龙、飘色、龙舟、舞狮为代表的民间艺术，是中山人的共同记忆，也是载不动的美丽乡愁。图为2017年第七届中山市西区醉龙文化节上的醉龙表演

■ 2017“逸仙杯”中山马拉松开跑

■ “2018翠亨新年音乐会”在中山影视城举行

社会建设

■ 1998年1月，中山市孙文西路文化旅游步行街首段建成开放。这是中国较早建成的步行街之一

■ 2016年7月31日通车的中山港大桥新桥。中山港大桥连接着中山市民众、港口、火炬开发区等区镇，是广东省道S111中山段番中公路的重要组成部分，也是连接中山与广州的重要通道之一

■ 博爱、创新、包容、和谐是新时期中山人的精神，也是中山城市的灵魂。始于1988年的中山慈善万人行，秉持中山先生博爱精神，扶危济困，风雨无阻，筹集善款超过13亿元。图为2017年中山慈善万人行活动现场

■ 2016年5月，三乡镇新圩社区卫生服务中心家庭医生服务团来到88岁的重大疾病患者何伯家中，为其换药和进行常规检查。三乡镇17个村有1174户特殊家庭被纳入上门服务对象，均为辖区内65周岁以上的老人

■ 中山市三乡镇保障房平南项目小区住宅

■ 2017年12月26日，2017年中山市十件民生实事之一——1000辆公交车免费提供Wi-Fi服务正式运营

■ 中山市西区“村村通”环保免费巴士1号线

■ 截至2017年，中山市26个公安业务自助办证厅已全部建成并投入使用，共有110多台自助机为群众提供全天候服务

■ 1997年，中山市荣获联合国人居奖

■ 截至2015年，中山市五桂山绿化覆盖面积达到458.5公顷，绿地面积440公顷，人均公园绿地面积27.21平方米。图为在五桂山举行的飞伞运动

■ 2017年1月起，中山市出台“三年绿化美化提升”方案，大力推进公园建设，不断优化中山的宜居环境。图为中山市彩虹绿洲湿地公园二期

■ 2017年2月，中山市80个村庄获评全国首批绿色村庄

■ 2017年6月3日，中山市首支环保志愿服务总队成立

■ 2017年，中山市海洋与渔业局、中山边防支队等六部门开展海上联合巡航执法行动

■ 城市建在森林中——中山孙文纪念公园

■ 空中花廊

■ 中山市板芙镇滨江湿地公园（一期）

党的建设

■ 2014年9月，中山边防官兵和云衢小学的学生来到中山市烈士陵园、广东人民抗日游击队珠江纵队司令部旧址和中区纵队旧址参观学习，并开展“勿忘国耻、振兴中华”宣誓及签名仪式

■ 2015年12月30日，中山市举行基层党建工作述职评议会

■ 中山市培育积极健康的党内政治文化，树立忠诚老实、公道正派、实事求是、清正廉洁等价值观。图为2017年中山市横栏镇党建引领文化建设系列活动之一——咸水歌巡演

■ 2017年6月30日，中山市港口镇举行“喜迎十九大·颂歌献给党”庆“七·一”合唱比赛

■ 改革开放40年来，中山市着力加强基层党组织建设。图为2017年7月3日中山市南朗镇基层党员干部教育基地正式启用

IMAX

江门：

发挥侨乡特色　建设工业名城

改革开放后，江门市委、市政府认真贯彻党的十一届三中全会以来的路线、方针、政策，带领广大人民以一往无前的进取精神和波澜壮阔的创新实践，谱写了侨乡人民自强不息、顽强奋进的壮丽诗篇。

1979年10月31日至11月4日，中共江门市委召开第五次代表大会，认真贯彻党的十一届三中全会精神，解放思想，拨乱反正。

通过大力发展个体经济、私营经济、“三资企业”，江门涌现了江门甘化厂、江门造船厂、江门机械厂、江门氮肥厂等有代表性的企业，尤其是江门甘化厂，一度成为亚洲最大糖厂。

世纪之交，江门市委提出进一步解放思想，增创江门五邑发展新优势。2015年国家统计局测评报告显示，江门群众幸福感总体评价名列全省第二。

随着江门大道、江顺大桥、广珠城际江门段、深茂铁路江门段等一批重大交通基础设施项目加快建设或相继建成，江门将成为粤港澳大湾区与粤西连接的重要交通枢纽，成为粤港澳大湾区中最具发展潜力的地区之一。

改革开放后，侨乡人民以一往无前的进取精神和波澜壮阔的创新实践，取得了令人瞩目的发展成就：获得“中国优秀旅游城市”“国家园林城市”“国家卫生城市”“国家环境保护模范城市”“国家双拥模范城”“中国人居环境范例奖”“全国文明城市”“国家森林城市”等一系列荣誉。

江门始终坚持党的“解放思想、实事求是”思想路线，充分发挥各级党组织的政治核心作用和广大党员的先锋模范作用，在加快经济建设的同时，江门全面推进政治建设、文化建设、社会建设和党的建设，努力建设工业名城、文化名市、生态侨乡、和谐江门，开创了江门改革开放和社会主义现代化建设新局面。

站在改革开放40周年的历史起点，结合广东省委、省政府给江门的发展定位——“珠西战略”的主战场和新增长极，江门必将迎来千载难逢的发展机遇。

经济建设

■ 2009年12月22日，台山核电站施工现场

■ 1992年12月，江门甘化厂改制为（集团）股份有限公司

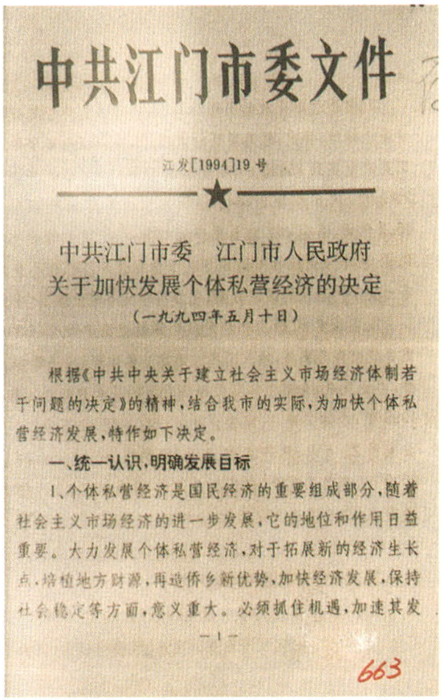

中共江门市委文件

江发[1994]19号

中共江门市委　江门市人民政府
关于加快发展个体私营经济的决定
（一九九四年五月十日）

根据《中共中央关于建立社会主义市场经济体制若干问题的决定》的精神，结合我市的实际，为加快个体私营经济发展，特作如下决定。

一、统一认识，明确发展目标

1、个体私营经济是国民经济的重要组成部分，随着社会主义市场经济的进一步发展，它的地位和作用日益重要。大力发展个体私营经济，对于拓展新的经济生长点，培植地方财源，再造侨乡新优势，加快经济发展，保持社会稳定等方面，意义重大。必须抓住机遇，加速其发

—1—

663

■ 1994年5月10日，江门市委、市政府作出决定，大力扶持发展个体私营经济

■ 2008年5月19日，举行江门市“千企扶千村”就业工程启动签约仪式

■ 2009年4月21日，举办“加强江港经贸合作　积极应对金融危机”讲座

■ 2017年11月6日，广佛江快速通道江顺大桥工程获颁中国建设工程质量最高奖——中国建设工程鲁班奖

■ 2018年7月1日，江湛铁路正式通车，江门市在交通项目建设方面迈出坚实一步

政治建设

■ 1979年10月31日至11月4日，中共江门市第五次代表大会召开，会议认真贯彻党的十一届三中全会精神，解放思想，拨乱反正

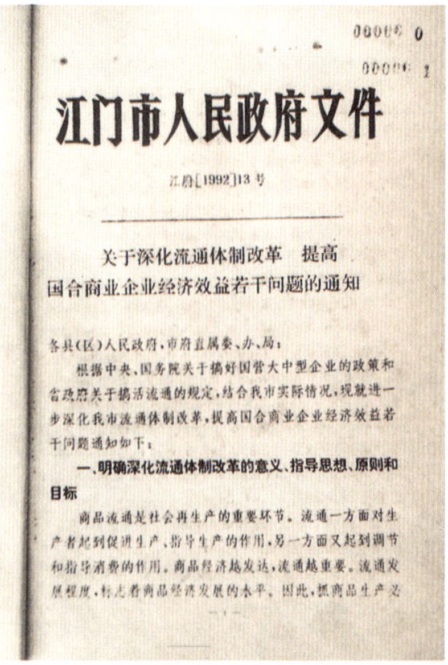

江门市人民政府文件

江府[1992]13号

关于深化流通体制改革　提高
国合商业企业经济效益若干问题的通知

各县(区)人民政府，市府直属委、办、局：

根据中央、国务院关于搞好国营大中型企业的政策和省政府关于搞活流通的规定，结合我市实际情况，现就进一步深化我市流通体制改革，提高国合商业企业经济效益若干问题通知如下：

一、明确深化流通体制改革的意义、指导思想、原则和目标

商品流通是社会再生产的重要环节。流通一方面对生产者起到促进生产、指导生产的作用，另一方面又起到调节和指导消费的作用。商品经济越发达，流通越重要。流通发展程度，标志着商品经济发展的水平。因此，抓商品生产之

— 1 —

■ 1992年，江门市政府关于深化流通体制改革的通知

江门日报
JIANGME　RIBAO

1993年6月 23

江门市区天气预报

八届全国人大常委会二次会议举行

加速侨乡改革开放进程　坚定奔向既定战略目标

市十届人大一次会议昨隆重开幕

郭洪主持大会，李旅光作政府工作报告

社论

再造优势　继往开来

——祝贺市人大十届一次会议和市政协八届一次会议开幕

■ 1993年6月，市十届人大一次会议召开，提出江门市用20年赶上“亚洲四小龙”、基本实现现代化的奋斗目标和措施

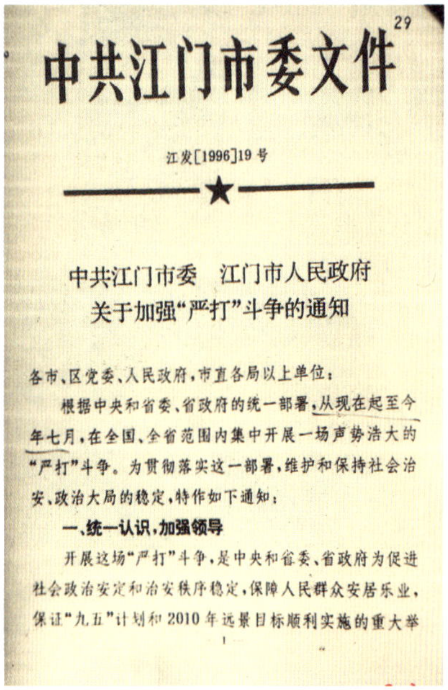

中共江门市委文件

江发[1996]19号

中共江门市委　江门市人民政府
关于加强“严打”斗争的通知

各市、区党委、人民政府，市直各局以上单位：

根据中央和省委、省政府的统一部署，从现在起至今年七月，在全国、全省范围内集中开展一场声势浩大的“严打”斗争。为贯彻落实这一部署，维护和保持社会治安、政治大局的稳定，特作如下通知：

一、统一认识，加强领导

开展这场“严打”斗争，是中央和省委、省政府为促进社会政治安定和治安秩序稳定，保障人民群众安居乐业，保证“九五”计划和2010年远景目标顺利实施的重大举

■ 1996年，市委、市政府发出关于加强“严打”斗争的文件

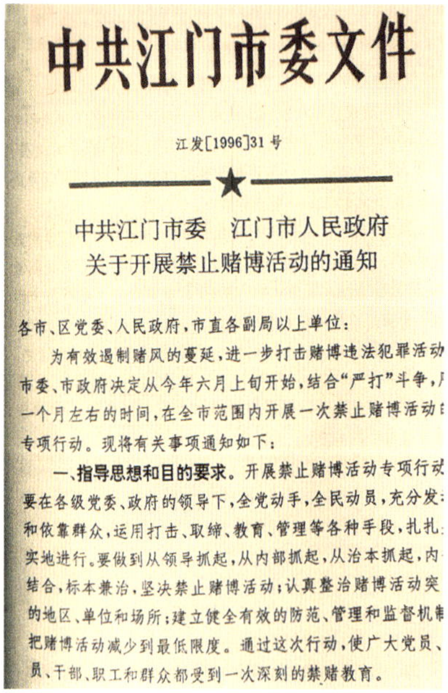

中共江门市委文件

江发[1996]31号

中共江门市委　江门市人民政府
关于开展禁止赌博活动的通知

各市、区党委、人民政府，市直各副局以上单位：

为有效遏制赌风的蔓延，进一步打击赌博违法犯罪活动市委、市政府决定从今年六月上旬开始，结合“严打”斗争，一个月左右的时间，在全市范围内开展一次禁止赌博活动专项行动。现将有关事项通知如下：

一、指导思想和目的要求。开展禁止赌博活动专项行动要在各级党委、政府的领导下，全党动手，全民动员，充分发和依靠群众，运用打击、取缔、教育、管理等各种手段，扎扎实地进行。要做到从领导抓起，从内部抓起，从治本抓起，内结合，标本兼治，坚决禁止赌博活动；认真整治赌博活动突的地区、单位和场所；建立健全有效的防范、管理和监督机把赌博活动减少到最低限度。通过这次行动，使广大党员、员、干部、职工和群众都受到一次深刻的禁赌教育。

■ 1996年，市委、市政府发出关于开展禁止赌博活动的文件

江门日报
JIANGMEN RIBAO
1998年7月18日 星期六
学习邓小平
江泽民
我市企业改制进入攻坚阶段
市直企业改制帮促组第二批工作队即将进驻市区五十三家企业
江门——河滨友好城市文化教育交流翻开新篇章
我市一批英语教师赴美
市区新规划方案公开展出
欢迎广大市民参观讨论提建议

■ 1998年7月18日，江门市派工作队到市直企业帮促改制

江门日报
JIANGMEN RIBAO
1997年7月15日 星期二
国务院港澳事务办公
内地因公赴港通行证
全民学法用法　完善规章制度　加强监督检查
我市依法治市工作稳步推进

■ 1997年7月15日，市委、市政府不断加强依法治市工作

■ 2010年“民间拍案——实施《珠三角规划纲要》”群众论坛江门分论坛

■ 2017年12月5日，中共江门市委十三届五次全体会议现场，要求以习近平新时代中国特色社会主义思想为指引，走对走实走好发展路子，纵深推进全面从严治党

文化建设

■ 开平碉楼

■ 2009年12月6日，举办“爱国歌曲大家唱——广东·江门篇”活动

■ 2011年1月15日，“做文明有礼的江门人”教育实践活动启动

■ 陈山火龙舞

■ 2018年6月5日，2018世界排球联赛（广东·江门）在江门体育中心体育馆举行。图为中国队队员在比赛中扣杀

社会建设

■ 新会冈州风采

■ 蓬江大桥

■ 江门五邑华侨广场

■ 2010年3月28日，“文明江门　从我做起”系列活动启动仪式

■ 2010年，江门市举办慈善公益万人行活动

■ 2011年4月15日，江门举行第三届“爱在江门”十佳道德模范颁奖典礼

■ 2011年5月8日，江门市第十届“百歌颂中华”歌咏活动群众歌会

■ 2013年9月，在江门市教育争先暨强师工作会议上，江门市首届十杰教师合影

生态文明建设

■ 新会小鸟天堂

■ 新会区蒲葵林

■ 鹤山市优质鱼养殖基地

■ 新会区圭峰山

■ 恩平市歇马举人村

■ 蓬江区滨江大道

■ 2003年4月，江门市荣获“国家园林城市”称号

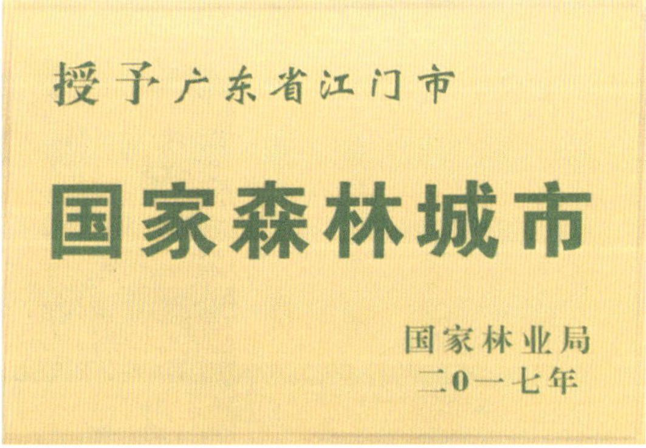

■ 2017年，江门市荣获“国家森林城市”称号

党的建设

■ 1984年4月24日至27日，中共江门市第六次代表大会召开

■ 1989年9月26日至29日，中共江门市第七次代表大会召开

JIANGMEN RIBAO

1993年9月 24 第1453期 江门日报社出版

江门市区天气预报

努力奋斗实现侨乡现代化宏伟目标

中共江门市第八次代表大会隆重开幕

张远贻宣布大会开幕 古日新作《再造新优势 加快侨乡现代化建设步伐》的报告 报告分三部分：一、七届市委工作的基本总结；二、今后经济社会发展的战略目标和主要措施；三、在改革开放和现代化建设中加强党的建设

中国共产党江门市第八次代表大会

古日新强调：

实现侨乡现代化 解放思想是关键

■ 1993年9月23日至25日，中共江门市第八次代表大会召开

■ 1998年9月2日至4日，中共江门市第九次代表大会召开。大会号召全市人民“增创侨乡发展新优势，把现代化建设推向新世纪”

■ 2006年12月4日，中共江门市第十一次代表大会召开

■ 2011年12月15日，中共江门市第十二次代表大会召开

■ 2016年12月8日，中共江门市第十三次代表大会召开

■ 2018年7月10日，江门市举办贯彻落实《广东省加强党的基层组织建设三年行动计划（2018—2020年）》培训班

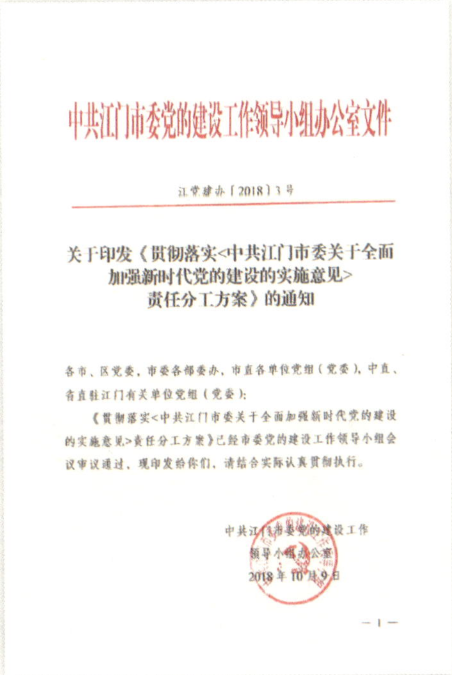

中共江门市委党的建设工作领导小组办公室文件

江党建办〔2018〕3号

关于印发《贯彻落实<中共江门市委关于全面加强新时代党的建设的实施意见>责任分工方案》的通知

各市、区党委，市委各部委办，市直各单位党组（党委），中直、省直驻江门有关单位党组（党委）：

《贯彻落实<中共江门市委关于全面加强新时代党的建设的实施意见>责任分工方案》已经市委党的建设工作领导小组会议审议通过，现印发给你们，请结合实际认真贯彻执行。

中共江门市委党的建设工作领导小组办公室

2018年10月9日

—1—

■ 2018年10月9日，印发《贯彻落实〈中共江门市委关于全面加强新时代党的建设的实施意见〉责任分工方案》

肇庆：坚持新发展理念 实现高质量发展

1978年，肇庆地区按照党的十一届三中全会确立的路线、方针、政策，解放思想、实事求是，开始推行家庭联产承包责任制。1979年春，高要县沙浦公社（现为肇庆市鼎湖区沙浦镇）农民陈志雄开始承包经营鱼塘，雇工生产，在全国率先冲击“禁止雇工”这个政策和理论上的禁区。

1994年，在国有企业改革的实践中，肇庆从产权制度改革入手，探索出注资经营责任制，促进国有资产的保值增值，培育出风华高科、星湖科技等一批国有优质企业，成为当时国有中小企业改革的成功范例。

1996年，肇庆市提出以建设中国优秀旅游城市、全国文明城市、国家卫生城市、国家环境保护模范城市和国家园林城市“五城”为主要内容的花园式风景旅游城市基本建设框架， 2006年创建工作基本完成。

2002年后，肇庆市狠抓发展第一要务，往东赶，向东看，主动融入珠江三角洲，积极实施“五大发展战略”，大力发展“四大经济”，努力推进“五大民生工程”，狠抓招商引资，推进“双转移”，产业结构明显优化，经济持续快速增长。2010年，全市生产总值突破千亿元大关，肇庆高新区升级为国家级高新区，经济实力迈上新台阶。

改革开放40年来，肇庆始终坚持“绿水青山就是金山银山”的发展理念，扎实推进社会主义新农村建设，狠抓教育、医疗、公共交通三大民生服务，不断提高就业、社保、住房等民生保障水平，全力打造“绿色肇庆”，展现新时代肇庆新形象。

党的十八大以后，按照“五位一体”总体布局、“四个全面”战略布局、“五大发展理念”，肇庆市委团结带领全市人民，积极适应经济发展新常态。当前，肇庆正加快全面小康社会建设步伐，谋划推动珠江三角洲连接大西南枢纽门户城市建设，在经济、政治、文化、社会、生态文明建设和党的建设上取得新进步。

经济建设

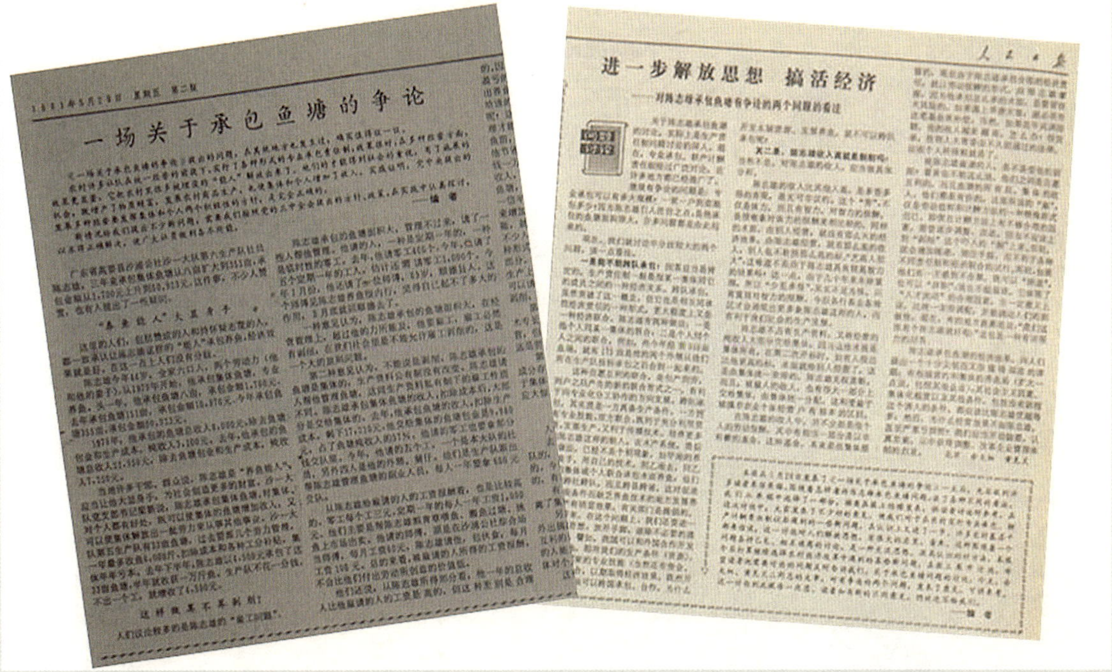

■ 1979年春，高要县沙浦公社（现为肇庆市鼎湖区沙浦镇）农民陈志雄开始承包经营鱼塘，雇工生产。1981年5月29日，《人民日报》为此开辟专栏进行了3个月的全国性的大讨论

■ 1991年，集防洪、交通、旅游观光于一体的肇庆市江滨堤路建成投入使用

■ 四会市积极发展特色农副产业，成为全国闻名的柑桔之乡

■ 2003年起，肇庆每年举办“肇庆金秋”经贸洽谈会，带动起关注肇庆、投资肇庆、建设肇庆的发展热潮

■ 2007年，肇庆高新区引进亚洲最大的铝型材生产商——亚洲铝业集团

■ 四会实力连杆有限公司等企业推进科技自主创新，生产成本大幅降低

政治建设

■ 2016年7月14日，肇庆市召开市、县、镇三级人大换届选举工作会议

■ 肇庆市人大加强议案建议督办

■ 2009年11月26日，召开全市调整污水处理费收费标准价格听证会

■ 2018年7月30日至31日，肇庆市召开法治建设工作推进会

文化建设

■ 肇庆市城西曲艺社在古宋城墙下举办传统粤剧“私伙局”

■ 1986年，肇庆市西江大学正式成立

■ 1996年，肇庆市提出以建设中国优秀旅游城市、全国文明城市、国家卫生城市、国家环境保护模范城市和国家园林城市“五城”为主要内容的花园式风景旅游城市基本建设框架

■ 深入发掘特色旅游资源，图为保护完整的高要黎槎八卦古村

■ 肇庆传承、创新和发展端砚文化，擦亮“中国砚都”品牌

■ 肇庆市在第六届中国（深圳）文博会上设置展览馆，宣传推广文化产业

社会建设

■ 1987年建成通车的西江大桥

■ 2003年起，肇庆每年开展春运“暖流行动”，全力确保农民工过境摩托车车队平安返乡

■ 持续增加教育建设投入，2007年肇庆城东新区奥威斯实验小学落成投入使用

■ 肇庆市连续多年获评“双拥模范城”，军地合作紧密团结。图为2010年肇庆市国防教育训练基地落成

■ 2012年，肇庆市第一人民医院新院建成投入使用

■ 中国首座中承式铁路钢箱提篮拱桥——南广铁路肇庆西江特大桥主拱肋顺利合龙

■ 2015年，连接贵广、南广铁路的重要交通枢纽站场肇庆东站投入使用

■ 2016年，广佛肇高速肇庆段提前一年通车

■ 2017年，连接肇庆城区和高要城区的阅江大桥竣工

生态文明建设

■ 1979年，肇庆市鼎湖山自然保护区被批准加入联合国教科文组织“人与生物计划”的生物圈保护区网络，成为全国首批国际生物圈保护区之一

■ 肇庆市加大饮用水源地水质的保护治理力度。图为鼎湖区第二备用水源九龙湖水库

■ 肇庆市规划建设总长为1130公里的绿道网，图为肇庆城区波海公园段环星湖绿道

■ 2014年，北岭山森林公园建成并投入使用

党的建设

■ 在叶挺独立团团部旧址举行清明缅怀革命先烈大会

■ 2013年，肇庆市在全省首创大型政风行风舆论监督电视节目——《市民问政》

■ 2015年，广东省反腐倡廉教育基地——肇庆包公文化园落成

■ 2016年，肇庆市高要区在国画大师黎雄才故里建立家训廉政教育基地

■ 贾东亮在肇庆市扶持下创办广宁县“八一生态农场”，获得全国劳动模范、全国优秀共产党员、全国优秀退伍军人等荣誉。图为贾东亮向留守儿童讲述创业过程

清远·

北江明珠初长成

改革开放之初，清远县敢为天下先，率先试行以“超计划利润提成奖”为主要内容的国有企业改革实践，创造了闻名全国的“清远经验”。

1988年清远建立地级市后，市委因势利导，提出“南部带动、东部联动、北部启动”等发展战略。10年间，清远建成北江二桥、银英公路、清连公路、清佛公路等，打造连通全市的交通网，建成全国首个扶贫开发试验区，实施18万石灰岩及高寒山区人口异地迁移安置。

进入21世纪，清远实施“三化一园”（市场化、工业化、城市化和珠三角后花园）发展战略，重点扶持十大优势产业，以工业为核心，实施园区带动，大力营造“洼地效应”，工业化进程不断加快，经济结构逐渐调整，传统产业新型化和新兴产业规模化成效显现。

2001年，第三产业增加值比重达到39.0%，首次超过第一产业所占37.5%的比重；2004年，第二产业增加值比重达到29.9%，首次超过第一产业。

从2004年至2010年，清远的生产总值增速、地方财政收入等主要经济指标增速连续7年排全省第一，创造了欠发达地区跨越式发展的奇迹，被誉为“清远现象”。

2011年底，清远市召开的第六次党代会提出“深入推进转型升级”。此后，清远扎实推进区域协调发展、促进振兴发展、加快融入珠江三角洲等重大工作部署。

党的十八大召开后，清远主动适应经济发展新常态，积极推进供给侧结构性改革，实施创新驱动发展战略，推进产业转型升级，现代服务业实现较快增长，成为拉动清远经济增长的主要动力和新引擎。

2018年初，清远的经济实力大幅提升，生产总值比建市时增长26.4倍，一般公共预算收入增长86倍，工业增加值增长100.9倍，固定资产投资增长160.9倍；城乡面貌日新月异，中心城区面积扩大24.2倍，成为中国优秀旅游城市、国家园林城市、国家卫生城市，教育事业、医疗卫生、文化体育等基本公共服务水平大幅提升。

改革开放40年，清远已从一座默默无闻的小城迅速崛起，成为一颗璀璨的北江明珠。

经济建设

■ 2000年11月23日至24日，广东省珠江三角洲地区与山区经济技术合作洽谈会在清远举行。会上，清远签约合同33个，金额30.2亿元，合同金额居山区市首位

■ 1991年，清远市汽车装修总厂车间。该厂与哈尔滨飞机制造公司合作，装配松花江牌微型汽车和四六二型微型车用发动机

■ 1997年11月18日，清远市委、市政府以及清连一级公路总指挥部在清新县迳口隧道广场举行107国道清连一级公路建成通车典礼

■ 2005年12月投产的台泥（英德）水泥有限公司，该项目是台湾水泥股份有限公司在广东投资建设的水泥生产基地首期项目

■ 2010年3月29日，清远经济开发区在佛山（清远）产业转移工业园举行2010年重点项目庆典活动。庆典活动现场签约、剪彩、奠基的项目共68个，合同投资金额达219.35亿元

■ 2015年11月11日，清远市的“一号产业项目”——国家级世界珍稀动植物种源基地暨清远长隆项目建设正式启动

■ 2016年12月8日，连州市丰阳镇畔水村村民在菜地上种植“连州菜心”四个大字，“连州菜心”已成为闻名遐迩的农产品

■ 位于清远高新区的广东先导稀材股份有限公司全景图，该公司是国家认定的高新技术企业，拥有国家稀散金属工程技术研究中心、国家认定企业技术中心、博士后科研工作站，并设有独立的先进材料研究院

政治建设

■ 清远市是广东省少数民族人口主要聚居地，是省内世居少数民族人口最多的地级市。民族地区包括连山壮族瑶族自治县，连南瑶族自治县，连州市三水瑶族乡、瑶安瑶族乡，阳山县秤架瑶族乡。图为连山县城

■ 1988年2月28日，中国共产党清远市委员会正式挂牌

■ 1988年2月28日，清远市成立庆祝大会暨三级干部会议在清城剧场举行

■ 1998年，清远市开展第一届村委会选举。至2018年，村（居）委会民主选举深入民心，基层民主参选率达94.3%。图为2004年1月31日，英德市浛洸镇三村村干部直选，新选出的村代表向主席台递交选民登记表

■ 2014年10月29日，清远市人大常委会首次启动专题询问，就食品安全问题向市政府开展专题询问

■ 自2015年9月起，清远市获批行使地方立法权，并成功制定施行两部实体性地方法规。图为2016年12月22日，市人大常委会举行《清远市饮用水源水质保护条例》颁布新闻发布会

■ 2017年1月12日，清远市第七届人民代表大会第一次会议选举中新当选的国家机关工作人员、市人大各专门委员会组成人员集体向宪法宣誓

■ 清远市建设多个法治文化广场和法治文化公园，打造法治宣传教育新平台，在居民休闲娱乐中潜移默化将公平正义、权利义务、和谐社会等法治理念传播开来。截至2018年，全市建有10个法治文化公园分布于8个县（市、区）

文化建设

■ 1989年，清远市旧城区南门街电影院门前夜景

■ 1996年9月20日，全国羽毛球锦标赛在清远市体育馆开幕，这是清远建市后首次承办的全国性比赛

■ 2002年2月28日，国家旅游局授予清远市“中国优秀旅游城市”称号。图为清远市区朱汝珍公园内的中国优秀旅游城市标志雕塑

■ 2005年11月20日，连州首届国际摄影年展开幕。此后每年举办一次，被海内外专业媒体誉为中国最具学术与专业水准的摄影节

■ 2012年10月9日，坐落于清远清新县龙颈镇的恒大足球学校举行开学典礼

■ 2013年11月8日，2013广东国际旅游文化节在清远开幕

■ 2017年，清远国际马拉松赛获中国田径协会“铜牌赛事”和“自然生态特色赛事”称号

■ 2017年6月24日，“清远有礼”2017年首届清远礼仪文化节启动仪式在市会展中心举行，凤鸣小学学生表演手语舞《言谈之礼》

■ 至2017年底，清远诗歌节已举办四届，迎来汪国真、臧棣、杨克、李松涛、谭五昌等知名诗人及诗评家。2014年清远被授予“中国乡土诗城”称号；第三届启动了“中国·清远刘禹锡诗歌奖”，被中国诗歌春晚评为2016年度“中国十佳诗会”。图为2014年11月22日，首届清远诗歌节启动仪式

■ 2009年12月23日，举行武广客运清远站落成暨站前广场竣工典礼。武广客运清远站占地面积约55亩，总投资约1.2亿元

■ 1985年11月28日，清远北江大桥正式通车

■ 1995年4月19日，清远市人民医院通过省卫生厅组织的三级甲等医院评审，获市政府奖励30万元

■ 1999年10月8日，飞来峡水利枢纽建成试运行。枢纽位于清远市东北约40公里的升平镇，以防洪为主，兼有发电、航运、供水和改善生态环境等作用，是当时广东省最大的综合性水利枢纽工程，也是北江流域综合治理的关键工程

■ 2008年2月2日，清远遭受雨雪冰冻灾害，清远军分区官兵在连州市铲除路面结冰

■ 2010年12月28日，举行清远市民卡首发式。该卡是国内首张集电子政务、电子商务、综合消费、市民生活于一体的综合性复合银行卡

■ 自2012年底起，清远市全面深化农村综合改革，深入推进农村基层党组织建设、村民自治和农村公共服务“三个重心下移”以及农村土地资源、财政涉农资金和涉农服务平台“三个整合”。图为2015年5月15日，阳山县黎埠镇大龙村龙塘村小组，整合后的土地租给承包商种植芋头

■ 2013年10月，清远市第一中学整体搬迁至清城区学贤路大学城

■ 2016年11月，省职教基地局部鸟瞰图

■ 连南香坪镇排肚村大鲵省级自然保护区缓冲区内种群重建的野生大鲵

■ 2000年2月27日，由共青团省委、省绿委、省林业局、省水利厅主办的“保护母亲河，北江披绿装”万人植树活动在清远市畜牧水产养殖场举行

■ 2002年9月4日，位于三角公园内的清远市区污水处理厂首期工程投入使用，每日处理污水上万吨，出水各项指标全部达到国家允许排放浓度的一级标准

■ 2012年3月8日，清远市政府在北京与中国华电集团公司举行清洁能源项目战略合作框架协议签字仪式

■ 2016年12月9日，清远市政府和广州市花都区政府签订绿色金融合作框架协议

■ 连州市田心省级自然保护区，总面积11968.6公顷。图为保护区中有“植物恐龙”之称的报春苣苔

■ 2013年8月23日，市六届人大常委会第十二次会议审议通过市政府关于提请审议清远市“市树”“市花”的议案，决定白兰树为“市树”、禾雀花为“市花”

■ 2007年，清远“绿肺”工程总体规划通过评审，2008年正式启动建设，占地面积达12万多亩。图为位于“绿肺”里的清新百步梯景观

党的建设

■ 2014年2月10日，清远党建展示馆在广东家美陶瓷有限公司建成开馆

■ 1989年4月25日至29日，中国共产党清远市第一次代表大会召开

■ 1990年3月20日，清远市监察工作会议召开

■ 1993年2月17日，全市召开党风廉政建设工作会议，明确将乱收费问题列为行业不正之风之首

■ 2004年8月4日，清远市固本强基工程示范点建设现场会在清城区召开

■ 2012年4月18日，清远市在全省反腐倡廉宣传教育工作座谈会上介绍经验

■ 2013年8月7日，清远市人才工作领导小组会议召开

■ 2015年12月29日，清远市委举行“三严三实”专题报告会

■ 2016年12月15日至16日，中国共产党清远市第七次代表大会在清远国际会展中心召开

■ 2017年10月30日，清远召开全市传达贯彻党的十九大精神大会

结语

广东改革开放的这40年，是思想不断开放的40年，是改革开放不断深入的40年，也是经济建设、政治建设、文化建设、社会建设、生态文明建设和党的建设卓有成效的40年。

40年前，党的十一届三中全会犹如一声春雷在南粤大地响起，改革开放波澜壮阔的历史画卷就此渐次拉开。

40年间，肩负改革开放排头兵、先行地、试验区使命的广东，凭着敢闯敢试、敢为人先的改革精神取得辉煌成就。40年后，领风气之先的珠江三角洲地区，也从鱼米之乡快步迈向世界一流的湾区城市群。

中国共产党人的初心和使命，就是为中国人民谋幸福，为中华民族谋复兴。珠江三角洲改革开放所取得的成就与经验，是中国共产党为实现国家富强、民族振兴、人民幸福而不懈奋斗史的重要组成部分。

40年砥砺前行。珠江三角洲地区所取得的伟大成就，靠的是解放思想，靠的是改革开放。在这段波浪壮阔的发展历程中，有初心，有使命，有责任，有担当，有成就，有警示。深化改革，扩大开放，是珠江三角洲地区改革发展伟大实践的一条基本经验。

在改革开放新的历史起点上，广东将按照习近平总书记对广东重要讲话和重要指示批示精神，不忘初心，牢记使命，以逢山开路、遇水搭桥的奋斗精神，以强烈的政治责任感、历史使命感和时代紧迫感，深化改革开放，推动高质量发展，提高发展的平衡性和协调性以及加强党的领导和党的建设，为把广东建设成为践行习近平新时代中国特色社会主义思想，向世界展示中国改革开放成就的重要窗口、国际社会观察中国改革开放的重要窗口贡献力量。

后 记

改革开放40年来，珠江三角洲地区广大干部群众充分发挥敢闯敢试、敢为人先的精神，积极推进改革开放，取得了举世瞩目的伟大成就。为了纪念改革开放40周年，根据中共广东省委党史研究室工作安排，我们从2017年11月开始筹划编辑出版《珠水春潮——珠三角地区改革开放40周年历史图文集》，主要收录广州、深圳、珠海、佛山、惠州、东莞、中山、江门、肇庆、清远10个市的历史图片，同时以简洁的文字反映全省及各市的经济建设、政治建设、文化建设、社会建设、生态文明建设以及党的建设6个方面的历史脉络和发展成就。

中共广东省委党史研究室主任杨建伟谋划和指导本书编写工作，担任编辑委员会主任并审定书稿。中共广东省委党史研究室副主任王涛负责本书的编写工作并担任主编，提出编写思路，并对全书进行了通改定稿。本书具体编写工作由中共广东省委党史研究室科研处承担，沈金生、谢涛、师春苗负责全书的编辑工作。广州、深圳、珠海、佛山、惠州、东莞、中山、江门、肇庆、清远10个市的党史部门分别提供了该地区大部分图片和文字说明，赵健超做了部分联络工作。各市参与搜集整理图片和编写文字说明的同志主要有：卢玉华（广州）、毛剑峰（深圳）、崔忠菲（珠海）、林筠（佛山）、郑杜贤（惠州）、方逢春（东莞）、李丽静（中山）、黎秀敏（江门）、钟扬（肇庆）、莫祖扬（清远）。

本书编写过程中，深圳市博物馆也提供了部分图片，在此表示感谢。

由于编者编辑水平有限，错漏在所难免，敬请读者批评指正。

编者

2018年12月